Der Große Katechismus

MARTIN LUTHER

Der Große Katechismus

KLASSIKER DES CHRISTENTUMS

RHEINISCHER MERKUR
Weltbild

In Zusammenarbeit mit dem Rheinischen Merkur, Bonn
www.merkur.de

Umschlaggestaltung: Atelier Lehmacher, Friedberg
Umschlagmotiv: Georg Lehmacher (Blätter);
AKG-images (Martin Luther)
Gesamtherstellung: Bagel Roto-Offset GmbH & Co. KG, Schleinitz
Printed in the EU
ISBN 978-3-8289-4940-9

2008 2007
Die letzte Jahreszahl gibt die aktuelle Lizenzausgabe an.

INHALT

Vorrede Martin Luthers für die Pfarrer und Prediger (1529)

Die Beschäftigung mit dem Katechismus unterbleibt oft infolge der Bequemlichkeit der Pfarrer und Prediger

Daß wir den Katechismus sehr betreiben und zu betreiben ebenso fordern wie erbitten, dazu haben wir nicht geringe Ursache. Denn leider sind, wie wir sehen, viele Prediger und Pfarrer hierin sehr säumig; sie verachten sowohl ihr Amt als auch diese Lehre, einige wegen ihrer großen, hohen Gelehrsamkeit, einige aber aus lauter Faulheit und Bauchsorge. Damit verhalten sie sich nicht anders zur Sache, als wären sie um ihres Bauches willen Pfarrer oder Prediger und als hätten sie, solange sie leben, nichts weiter zu tun als ihre Güter zu verbrauchen; so waren sie es unter dem Papsttum gewohnt. Zwar haben sie alles, was sie lehren und predigen sollen, jetzt so reichlich, klar und leichtverständlich vor sich in so viel heilsamen Büchern und rechten »Sermones per se loquentes« (Predigten, die von selbst reden), »Dormi secure« (Schlafe sorglos), »Parati« (die Vorbereiteten), und »Thesauri« (Schatzkästlein), wie man sie früher hieß; aber sie sind nicht so fromm und redlich, daß sie sich solche Bücher kauften; oder wollen sie, selbst wenn sie solche besitzen, sie doch nicht ansehen noch lesen. Ach, das sind allzumal schändliche Fresser und Bauchdiener, die mit mehr Recht Sauhirten oder Hundeknechte sein sollten als Seelsorger und Pfarrer!

Und wenn sie doch, nachdem sie das unnütze, beschwerliche Geschwätz der sieben Gebetszeiten nun los sind, wenigstens so viel täten, daß sie an deren Stelle morgens, mittags und abends etwa eine Seite oder zwei aus dem Katechismus, dem Gebetbüchlein, dem Neuen Testament oder sonst aus der Bibel läsen und ein Vaterunser für sich und ihre Pfarrkinder beteten! Damit würden sie doch auch dem Evangelium eine Ehre und einen Dank erzeigen, nachdem sie durch dieses ja von so mancherlei Lasten und Beschwerungen befreit worden sind. Und wenn sie sich doch ein wenig darüber schämten, daß sie gleich den Säuen und Hunden nicht mehr aus dem Evangelium behalten als eine solche faule, schädliche, schändliche, fleischliche Freiheit! Denn der Pöbel achtet ja leider ohnehin schon das Evangelium allzugering, und wir [Prediger und Pfarrer] richten [bei ihm] nichts Sonderliches aus, wenn wir gleichwohl allen Fleiß darauf verwenden. Was würde es vollends geben, wenn wir lässig und faul sein wollen, wie wir es unter dem Papsttum gewesen sind?

Viele sind sich zu gut, den Katechismus zu verwenden. Wir bleiben zeitlebens ein Kind und Schüler des Katechismus

Dazu kommt das schändliche Laster und die heimliche böse Seuche der Sicherheit und des Überdrusses. Viele meinen daher, der Katechismus sei [nur] eine schlichte, geringe Lehre; sie lesen nur ein einzigesmal darüber hin, um sogleich alles zu können, werfen das Buch in den Winkel und schämen sich gleichsam, weiter darin zu lesen. Ja, man findet wohl auch unter dem Adel etliche grobe Menschen und Geizhälse. Sie behaupten, man brauche in Zukunft keine Pfarrer noch Prediger [mehr], man habe [alles] in Büchern und könne es gut selber lernen; und so lassen sie auch die Pfarreien getrost verfallen und verwüsten, dazu beide, Pfarrer und Prediger, weidlich Not und Hunger leiden. So zu tun gebührt es sich denn auch für die tollen Deutschen. Denn wir Deutschen haben solch schändliches Volk [unter uns] und müssen's uns gefallen lassen.

Das sage ich aber für meine Person: Ich bin auch ein Doktor und Prediger, ebenso gelehrt und erfahren als alle die sein mögen, die eine derartige Vermessenheit und Sicherheit haben; dennoch mache ich's wie ein Kind, das man den Katechismus lehrt: am Morgen und wann ich sonst Zeit habe, lese und spreche ich auch Wort für Wort das Vaterunser, die zehn Gebote, das Glaubensbekenntnis, Psalmen usw. und ich muß noch täglich mehr lesen und studieren, und kann dennoch nicht bestehen, wie ich gerne wollte, und muß ein Kind und Schüler des Katechismus bleiben, und bleib's auch gerne. Und diese feinen, wählerischen Gesellen wollen mit einem einzigen Drüberhinlesen flugs Doktoren über alle Doktoren sein, wollen alles [schon] können und nichts mehr nötig haben! Nun wohl, das ist auch ein gewisses Zeichen dafür, daß sie sowohl ihr Amt als auch des Volkes Seelen[heil], ja obendrein Gott und sein Wort verachten. Sie brauchen nicht [erst] zu fallen, sondern sind schon allzugreulich gefallen; sie hätten's wohl nötig, daß sie zu Kindern würden und das Abc zu lernen anfingen, das sie längst an den Schuhsohlen abgelaufen zu haben meinen.

Der Katechismus soll täglich gelesen, hergesagt und bedacht werden. Dabei empfangen wir den Hl. Geist, durch den wir immer mehr Freude daran bekommen

Deshalb bitte ich diese faulen Wänste oder vermessenen Heiligen, sie möchten sich um Gottes willen bereden lassen und glauben, daß sie wahrlich, wahrlich nicht so gelehrt und so hohe Doktoren sind, als sie sich's einbilden. Und sie sollen nie mehr auf den Gedanken kommen, daß sie diese Stücke ausgelernt hätten oder alles zur Genüge wüßten, auch wenn es ihnen vorkommt, als könnten sie's allzugut. Denn auch wenn sie es durch und durch aufs allerbeste wüßten und könnten, was doch in diesem Leben nicht möglich ist, so steckt doch mancherlei Nutzen und Frucht dahinter, wenn man's täglich liest und durch Nachdenken und Hersagen einübt. Bei einem solchen Lesen, Hersagen und Nachdenken ist nämlich der Heilige Geist gegenwärtig und gibt immer neu und mehr Licht und Andacht dazu, so daß es immer besser und besser schmeckt und eingeht. So verheißt es auch Christus Matth 18: »Wo zwei oder drei in meinem Namen versammelt sind, da bin ich in ihrer Mitte.«

Durch die Beschäftigung mit Gottes Wort, das der Katechismus auslegt, werden der Teufel und böse Gedanken abgewehrt

Dazu hilft's über die Maßen gewaltig gegen den Teufel, gegen Welt, Fleisch und alle bösen Gedanken, wenn man mit Gottes Wort umgeht, davon redet und darüber nachdenkt. Daher preist auch der erste Psalm die selig, die Tag und Nacht mit dem Gesetze Gottes zu tun haben. Ohne Zweifel wirst du mit keinem Weihrauch oder anderem Räucherwerk etwas Wirksameres gegen den Teufel ausrichten können, als wenn du mit Gottes Geboten und Worten umgehst, über sie redest, singst oder nachdenkst. Das ist sicherlich das wahre Weihwasser und [Kreuzes]zeichen, vor dem er flieht und damit er sich verjagen läßt. Nun solltest du doch wahrlich [schon] allein um dessentwillen diese Stücke gerne lesen, hersagen, überdenken und mit ihnen umgehen, [selbst] wenn du sonst keinen anderen Gewinn und Nutzen davon hättest, als daß du den Teufel und böse Gedanken damit verjagen kannst. Denn Gottes Wort kann der Teufel nicht hören und ertragen. Und Gottes Wort ist nicht wie ein anderes loses Geschwätz, wie z.B. die Geschichten von Dietrich von Bern, vielmehr ist es, wie der hl. Paulus Röm 1 sagt, »eine Kraft Gottes«; ja gewiß eine Kraft Gottes, die dem Teufel das gebrannte Leid (Folterqualen) antut und uns über die Maßen stärkt, tröstet und hilft.

Und was soll ich viel sagen? Wenn ich allen Nutzen und alle Frucht aufzählen sollte, die Gottes Wort schafft, wo wollte ich genug Papier und Zeit [dafür] hernehmen? Den Teufel heißt man einen Tausendkünstler; wie will man aber Gottes Wort heißen, das einen solchen Tausendkünstler mit all seiner Kunst und Macht verjagt und zunichte macht? Es muß gewiß mehr als ein Hunderttausendkünstler sein; und wir sollten eine solche Macht, Hilfe, Kraft und Frucht so leichtfertig verachten, zumal wir, die wir Pfarrer und Prediger sein wollen? Dann sollte man uns doch lieber nicht bloß nichts zu fressen geben, sondern sollte uns auch [noch] mit Hunden hinaushetzen und mit Roßäpfeln hinaustreiben. Denn nicht nur brauchen wir das alles täglich wie das tägliche Brot, sondern wir müssen es auch täglich haben gegen das tägliche und ruhelose Anfechten und Auflauern des tausend Künste treibenden Teufels.

Das Gebot Gottes, das im Katechismus ausgelegt wird, ist nach Gottes Willen ständig zu bedenken und als Waffe gegen die teuflischen Mächte ins Feld zu führen

Und wenn das nicht genug wäre zur Mahnung, den Katechismus täglich zu lesen, so sollte doch [schon] allein Gottes Gebot genügen, um uns [dazu] zu zwingen. Deutero. 6 gebietet er [nämlich] ernstlich, man solle sein Gebot beim Sitzen, Gehen, Stehen, Liegen, Aufstehen immer bedenken und es gleichsam als ein stetes Mal- und Denkzeichen vor Augen und in Händen haben. Zweifellos wird er das nicht umsonst so ernstlich gebieten und fordern; vielmehr kennt er unsere Bedrängnis und Not, dazu das ständige und wütende Anstürmen und die Anfechtung der Teufel. Drum will er uns davor warnen, ausrüsten und bewahren, wie mit einem guten Harnisch wider ihre feurigen Pfeile und wie mit einer guten Arznei wider ihr giftiges, böses Geschmeiß und Eingebung. O was für tolle, unsinnige Narren sind wir: wir müssen unter solch mächtigen Feinden, wie die Teufel es sind, wohnen oder doch wenigstens herbergen. Und dabei wollen wir unsere Waffen und Wehr verachten und zu faul sein, um nach ihnen zu sehen oder an sie zu denken!

Und was tun diese überdrüssigen, vermessenen Heiligen, die den Katechismus nicht täglich lesen und lernen wollen oder können? Nichts anderes, als daß sie sich selbst für viel gelehrter halten als Gott selber ist mit all seinen heiligen Engeln, Propheten, Aposteln und allen Christen! Denn Gott selber schämt sich [doch] nicht, dies täglich zu lehren, weil er nichts Besseres zu lehren weiß; und zwar lehrt er immer ein und dasselbe und nimmt nichts Neues und nichts anderes vor, und alle Heiligen wissen nichts Besseres und anderes zu lernen und können es nicht auslernen. Sind dann wir nicht die allerfeinsten Gesellen, wenn wir uns einbilden, wir könnten's alles, wenn wir's [nur] einmal gelesen und gehört haben, und brauchten's nicht [noch] mehr zu lesen noch zu lernen. Und wir könnten das in einer Stunde auslernen, was Gott selbst nicht auslehren kann? Wo er doch von Anfang der Welt bis zu [ihrem] Ende dran lehrt, und wo doch alle Propheten samt allen Heiligen dran zu lernen gehabt haben und noch immer Schüler geblieben sind und noch bleiben müssen!

Der Katechismus ist ein kurzer Auszug der Hl. Schrift

Denn das muß ja sein: wer die zehn Gebote recht und ganz [verstehen] will, der muß die ganze [Heilige] Schrift [verstehen], damit er in allen Sachen und Fällen raten, helfen, trösten, urteilen, richten kann, sowohl im geistlichen als auch im weltlichen Bereich, und [aus Gottes Wort] ein Richter zu sein vermag über alle Lehre, Stände, Geister, Recht und was [sonst] in der Welt sein mag. Und was ist der ganze Psalter anderes als eine durchgehende Betrachtung und Einübung des ersten Gebotes? Nun weiß ich ja gewiß, daß diese faulen Bäuche oder vermessenen Geister nicht einen einzigen Psalm verstehen, geschweige denn die ganze Heilige Schrift; und dabei wollen sie den Katechismus [schon] wissen und verachten, der doch ein kurzer Auszug und Abriß der ganzen Heiligen Schrift ist!

Abschließende Aufforderung, den Katechismus ständig zu lesen, zu lehren, zu lernen und über ihn nachzusinnen

Darum bitte ich nochmals alle Christen, besonders die Pfarrer und Prediger, sie sollen nicht zu früh Doktoren sein wollen und sich nicht einbilden, alles zu wissen; es geht an der Einbildung wie an [frisch] gespanntem Tuch viel ein. Vielmehr sollen sie sich täglich wohl drin üben und es immer treiben, dazu mit aller Sorge und Fleiß sich vorsehen vor dem giftigen Geschmeiß solcher Sicherheit oder Dünkelmeister. Daher sollen sie stetig anhalten mit Lesen, Lehren, Lernen, Nachdenken und Nachsinnen und nicht [davon] ablassen, bis sie erfahren und [dessen] gewiß werden, daß sie den Teufel zu Tode gelehrt haben und gelehrter geworden sind als Gott selber es ist und alle seine Heiligen. Werden sie solchen Fleiß drauf verwenden, so will ich's ihnen versprechen und sie sollen's auch innewerden, was für einen Gewinn sie erlangen werden, und was für feine Leute Gott aus ihnen machen wird. Sie sollen nämlich mit der Zeit fein selber bekennen, daß sie, je länger und mehr sie den Katechismus treiben, desto weniger davon verstehen und desto mehr dran zu lernen haben. Und dann allererst, wenn sie hungrig und durstig sind, wird ihnen das recht schmekken, was sie jetzt vor großer Völlerei und Überdruß nicht riechen können. Dazu gebe Gott seine Gnade! Amen.

Vorrede für alle

Der Katechismus oder die Kinderlehre ist die eiserne Ration des christlichen Glaubens, die jeder Christ kennen muß

Diese Predigt ist dazu bestimmt und angefangen, um ein Unterricht für die Kinder und Einfältigen (einfachen Leute) zu sein; deshalb heißt sie auch von altersher auf Griechisch »Katechismus«, d.h. eine Kinderlehre. Sie muß jeder Christ notwendigerweise kennen; einen, der das nicht kennt, könnte man also nicht unter die Christen zählen und zu keinem Sakrament zulassen, geradeso, wie man einen Handwerksmann, der seines Handwerks Recht und Gebrauch nicht kennt, [aus der Zunft] rauswirft und für untauglich hält. Deshalb soll man junge Leute die Stücke, die in den Katechismus oder in die Kinderpredigt gehören, gut und fließend lernen lassen und sie mit Fleiß darin üben und sie betreiben. Darum ist auch jeder Hausvater verpflichtet, wenigstens einmal in der Woche seine Kinder und sein Gesinde reihum das abzufragen und abzuhören, was sie davon wissen oder gerade erst lernen, und sie mit Ernst dazu anzuhalten, wenn sie es nicht können. Denn ich kann mir die Zeit [noch] gut denken, ja es kommt noch täglich vor, daß man unwissende, alte, betagte Leute findet, die von all dem gar nichts gewußt haben oder noch nichts wissen; [und] doch gehen sie gleichwohl zur Taufe und zum Sakrament und machen von allem Gebrauch, was die Christen haben. Dabei sollten doch diejenigen, die zum Sakrament gehen, billigerweise mehr wissen und ein völligeres Verständnis aller christlichen Lehre haben als die Kinder und ABC-Schützen.

Trotzdem lassen wir es für die Allgemeinheit bei den drei Stücken bewenden, die von altersher in der Christenheit sich erhalten haben, aber wenig recht gelehrt und getrieben worden sind; [wir tun dies] so lange, bis man sich in diesen wohl übt und darin bewandert wird, sowohl Junge als Alte, was [nur] ein Christ heißen und sein will. Es sind nämlich die folgenden Stücke:

Die drei notwendigen Stücke des Katechismus: die Zehn Gebote, das Glaubensbekenntnis und das Vaterunser

ERSTENS: DIE ZEHN GEBOTE GOTTES

1. Du sollst nicht andere Götter haben neben mir.
2. Du sollst den Namen Gottes nicht unnütz gebrauchen.
3. Du sollst den Feiertag heiligen.
4. Du sollst Vater und Mutter ehren.
5. Du sollst nicht töten.
6. Du sollst nicht ehebrechen.
7. Du sollst nicht stehlen.
8. Du sollst kein falsch Zeugnis reden wider deinen Nächsten.
9. Du sollst nicht begehren deines Nächsten Haus.
10. Du sollst nicht begehren seines Weibes, seines Knechtes, seiner Magd, seines Viehs oder was sein ist.

ZWEITENS: DIE HAUPTARTIKEL UNSERES GLAUBENS

Ich glaube an Gott den Vater, den Allmächtigen, den Schöpfer des Himmels und der Erde. Und an Jesus Christus, seinen eingeborenen Sohn, unsern Herrn, empfangen durch den Heiligen Geist, geboren von der Jungfrau Maria, gelitten unter Pontius Pilatus, gekreuzigt, gestorben und begraben, hinabgestiegen in das Reich des Todes, am dritten Tage auferstanden von den Toten, aufgefahren in den Himmel, er sitzt zur Rechten Gottes, des allmächtigen Vaters, von dort wird er kommen, zu richten die Lebenden und die Toten.

Ich glaube an den Heiligen Geist, eine heilige christliche (catholica) Kirche, Gemeinschaft der Heiligen, Vergebung der Sünden, Auferstehung der Toten und das ewige Leben. Amen.

DRITTENS: DAS GEBET ODER VATERUNSER, DAS CHRISTUS GELEHRT HAT

Vater unser im Himmel, geheiligt werde dein Name. Dein Reich komme. Dein Wille geschehe, wie im Himmel so auf Erden. Unser tägliches Brot gib uns heute. Und vergib uns unsere Schuld, wie auch wir vergeben unseren Schuldigern. Und führe uns nicht in Versuchung, sondern erlöse uns von dem Bösen. Amen.

Diese drei Stücke des Katechismus sind auf jeden Fall zu lernen, weil sie eine kurze, leicht faßliche Zusammenfassung der Hl. Schrift sind

Das sind die nötigsten Stücke, die man zuerst lernen muß, Wort für Wort herzusagen. Und [zwar] soll man die Kinder daran gewöhnen, daß sie täglich, wenn sie morgens aufstehen, wenn sie zu Tisch gehen und wenn sie sich abends schlafen legen, es aufsagen müssen, und man soll ihnen nicht zu essen und zu trinken geben, bis sie es hergesagt haben. Auch ist jeder Hausvater verpflichtet, es in gleicher Weise mit dem Gesinde, Knechten und Mägden zu halten: er soll sie nicht bei sich behalten, wenn sie es nicht können oder nicht lernen wollen. Denn es ist unter keinen Umständen zu dulden, daß ein Mensch so roh und wild ist und das nicht lernt, wo doch in diesen drei Stücken kurz, leichtfaßlich und aufs einfachste alles zusammengefaßt ist, was wir in der Hl. Schrift haben. Denn die lieben Väter oder

Apostel, wer sie auch gewesen sein mögen, haben damit zusammengefaßt, was der Christen Lehre, Leben, Weisheit und Kunst ist, wovon sie reden und handeln, und womit sie umgehen.

Zwei weitere Stücke müssen dazukommen: die Einsetzungsworte der Taufe und des Abendmahls

Wenn nun diese drei Stücke erfaßt sind, so gehört sich's auch, daß man etwas zu sagen wisse von unsern Sakramenten, die Christus selbst eingesetzt hat: von dem der Taufe und dem des heiligen Leibes und Blutes Christi. [Bei der Taufe handelt es sich] nämlich um den Text, den Matthäus und Markus am Schluß ihres Evangeliums schreiben, wie Christus von seinen Jüngern Abschied nahm und sie aussandte:

VON DER TAUFE

Gebet hin in alle Welt und macht zu Jüngern alle Völker: taufet sie auf den Namen des Vaters und des Sohnes und des Heiligen Geistes. Wer da glaubt und getauft wird, der wird selig werden, wer aber nicht glaubt, der wird verdammt werden.

Es genügt für einen einfachen Mann, aus der [Hl.] Schrift von der Taufe soviel zu wissen.

Ebenso auch vom andern Sakrament mit kurzen, einfachen Worten, nämlich den Text des Hl. Paulus:

VOM SAKRAMENT DES ALTARS

Unser Herr Jesus Christus in der Nacht, da er verraten ward, nahm er das Brot, dankte und brach's und gab's seinen Jüngern und sprach: »Nehmet hin und esset; das ist mein Leib, der für euch gegeben wird. Solches tut zu meinem Gedächtnis.« Desgleichen nahm er auch den Kelch nach dem Abendmahl und sprach: »Dieser Kelch ist ein neues Testament in meinem Blut, das für euch vergossen wird zur Vergebung der Sünden. Solches tut, so oft ihr's trinket, zu meinem Gedächtnis.«

Diese fünf Stücke des christlichen Glaubens, die unbedingt gelernt werden müssen, sollen durch Psalmen, Lieder und Katechismuspredigten vertieft werden

Somit hätte man von der ganzen christlichen Lehre alles in allem fünf Stücke. Die soll man immerdar betreiben und von Wort zu Wort verlangen und abhören. Denn verlasse dich nicht darauf, daß das junge Volk es allein aus der Predigt lerne und behalte. Wenn man dann in diesen Stücken gut Bescheid weiß, so kann man darnach auch einige Psalmen oder Lieder, die dazu gedichtet worden sind, aufgeben als Zugabe und zur Befestigung darin. Und so kann man die Jugend in die [Hl.] Schrift bringen und täglich darin weiter fortfahren.

Es soll aber nicht daran genug sein, daß man's bloß dem Wortlauf nach erfasse und hersagen könne; man lasse vielmehr das junge Volk auch zur Predigt gehen, besonders in der Zeit, die für den Katechismus bestimmt ist, damit sie es ausgelegt hören und verstehen lernen, was ein jedes Stück in sich schließt. Sie sollen also dann auch imstande sein, es aufzusagen, wie sie es gehört haben, und fein richtig zu antworten, wenn man sie fragt, damit es nicht unnütz und fruchtlos gepredigt werde. Darum nämlich, um das der Jugend einzubleuen, machen wir uns die Mühe, den Katechismus oft vorzupredigen, nicht hoch noch scharfsinnig, sondern kurz und ganz einfach, damit es ihnen gut eingehe und im Gedächtnis bleibe. Deshalb wollen wir nun die angeführten Stücke nacheinander uns vornehmen und aufs deutlichste davon reden, so viel nötig ist.

DER ERSTE HAUPTSTÜCK

Die Zehn Gebote

DAS ERSTE GEBOT

Du sollst nicht andere Götter haben neben mir

Einen Gott haben bedeutet, etwas haben, an das ich mein Herz hänge und dem ich unbedingt vertraue

Das heißt: Du sollst mich allein für deinen Gott halten. Was ist damit gesagt und wie ist es zu verstehen? Was heißt »einen Gott haben«, bzw. was ist »Gott«? Antwort: Ein »Gott« heißt etwas, von dem man alles Gute erhoffen und zu dem man in allen Nöten seine Zuflucht nehmen soll. »Einen Gott haben« heißt also nichts anderes, als ihm von Herzen vertrauen und glauben; wie ich oft gesagt habe, daß allein das Vertrauen und Glauben des Herzens etwas sowohl zu Gott als zu einem Abgott macht. Ist der Glaube und das Vertrauen recht, so ist auch dein Gott recht, und umgekehrt, wo das Vertrauen falsch und unrecht ist, da ist auch der rechte Gott nicht. Denn die zwei gehören zuhauf (zusammen), Glaube und Gott. Woran du nun, sage ich, dein Herz hängst und [worauf du dich] verlässest, das ist eigentlich dein Gott.

Der Sinn des ersten Gebotes: Häng dein Herz allein an Gott und nicht an andere Götter

Darum ist nun der Sinn dieses Gebotes der, daß es rechten Glauben und Zuversicht des Herzens fordert, welche sich auf den rechten, einzigen Gott richtet und an ihm allein hängt. Und zwar will es soviel gesagt haben: »Sieh zu und lasse mich allein deinen Gott sein (ego solus Deus) und suche ja keinen andern. Das heißt: was dir mangelt an Gutem, das erhoffe von mir und suche bei mir, und wenn du Unglück und Not zu leiden hast, so kriech und halt dich zu mir. Ich, ich will dir genug geben und aus aller Not helfen; laß nur dein Herz an keinem andern hangen noch ruhen.«

Konkret heißt das: Häng dein Herz nicht an den Gott Geld und Gut, sondern an den wahren Gott

Das muß ich noch ein wenig deutlicher ausführen, daß man's aus alltäglichen Beispielen von gegenteiligem Verhalten verstehe und erkenne. Es ist mancher, der meint, er habe Gott und alles zur Genüge, wenn er Geld und Gut hat; er verläßt sich darauf und brüstet sich damit so steif und sicher, daß er auf niemand etwas gibt. Sieh, ein solcher hat auch einen Gott: der heißt Mammon, d.h. Geld und Gut; darauf setzt er sein ganzes Herz. Das ist ja auch der allgemeinste Abgott auf Erden. Wer Geld und Gut hat, der weiß sich in Sicherheit, ist fröhlich und unerschrocken, als sitze er mitten im Paradies; und umgekehrt, wer keins hat, der zweifelt und verzagt, als wisse er von keinem Gott. Denn man wird ja ganz wenig Leute finden, die guten Muts sind und weder trauern noch klagen, wenn sie den Mammon nicht haben; das klebt und hängt der [menschlichen] Natur an bis in die Grube.

Häng dein Herz nicht an den Gott Wissen, Macht und Einfluß, sondern an den wahren Gott

Ebenso ist's auch [mit einem], der darauf vertraut und trotzt, daß er großes Wissen, Klugheit, Gewalt, Beliebtheit, Freundschaft und Ehre hat. Der hat auch einen Gott, aber nicht diesen rechten, alleinigen Gott. Das siehst du abermals daran, wie vermessen, sicher und stolz man auf Grund solcher Güter ist, und wie verzagt, wenn sie nicht vorhanden sind oder einem entzogen werden. Darum sage ich noch einmal, daß die rechte Auslegung dieses Stückes das ist: »einen Gott haben« heißt etwas haben, worauf das Herz gänzlich vertraut.

Wer sein Herz an die Heiligen und an den Teufel hängt, glaubt nicht an den wahren Gott

Sieh ebenso auf das, was wir bisher in der Blindheit unter dem Papsttum getrieben und getan haben: Wenn jemandem ein Zahn weh tat, so fastete er und verehrte die hl. Apollonia, fürchtete er sich vor einer Feuersnot, so machte er den hl. Lorenz zum Nothelfer; fürchtete er sich vor der Pest, so tat er ein Gelübde zum Hl. Sebastian oder Hl. Rochius; und solchen Greuels geschah noch unzählig viel mehr, da jeder seinen Heiligen auswählte, anbetete und anrief, ihm in [seinen] Nöten zu helfen. Hierher gehören auch die, die es gar zu grob treiben und mit dem Teufel einen Bund machen, daß er ihnen Geld genug gebe oder ihnen zu ihrer Buhlschaft (Liebschaft) verhelfe, ihr Vieh bewahre, verlorenes Gut wiederherschaffe usw., wie z. B. die Zauberer und Schwarzkünstler. Diese alle richten ja ihr Herz und ihr Vertrauen anderswohin als auf den wahrhaftigen Gott; sie erwarten nichts Gutes von ihm, suchen's auch nicht bei ihm.

Der unfaßliche Gott wird faßbar, wenn sich unser Herz an ihn hängt und ihm unbedingt vertraut

So verstehst du nun leicht, was und wieviel dieses Gebot fordert: nämlich das ganze Herz des Menschen und alle Zuversicht allein auf Gott und niemanden anderes. Denn das kannst du dem leicht entnehmen, wenn man Gott haben will, kann man ihn nicht mit den Fingern greifen und fassen und nicht in den Beutel stecken oder in den Kasten schließen. Vielmehr heißt *das* ihn fassen, wenn das Herz ihn ergreift und an ihm hängt; mit dem Herzen aber an ihm hängen ist nichts anderes als sich gänzlich auf ihn verlassen.

Gott will uns alles Gute schenken, das wir von anderen Göttern erwarten, da er das einzige bleibende Gut ist

Darum will er uns von allem andern, was außer ihm ist, abwenden und uns zu sich ziehen, weil er das einzige, ewige Gut ist. Es ist, als wollte er sagen: Was du vorher bei den Heiligen gesucht oder wofür du auf den Mammon und sonst etwas vertraut hast, das erwarte alles von mir, und halte mich für den, der dir helfen und dich mit allem Guten reichlich überschütten will. Sieh, damit hast du nun, was die rechte Ehrung Gottes und der Gottesdienst ist, der Gott gefällt und den er auch bei seinem ewigen Zorn gebietet, nämlich: Das Herz soll sonst keinen Trost und keine Zuversicht kennen als zu ihm; es darf sich auch nicht davon wegreißen lassen, sondern muß darüber alles wagen und hintansetzen, was es auf Erden gibt.

Die Menschen verwechseln ihre Wunschvorstellungen von Gott mit Gott. Ihr Vertrauen ist fehlgeleitet und gründet auf dem reinen Nichts

Demgegenüber wirst du leicht einsehen und beurteilen, wie die Welt lauter falschen Gottesdienst und Abgötterei treibt; denn es ist nie ein Volk so ruchlos gewesen, daß es nicht einen Gottesdienst eingerichtet und gehalten hätte. Da hat jedermann den zu seinem besonderen Gott aufgeworfen, von dem er sich Gutes, Hilfe und Trost versprochen hat. So warfen z.B. diejenigen Heiden, die ihr Vertrauen auf Gewalt und Herrschaft setzten, ihren Jupiter zum höchsten König auf; die andern, die nach Reichtum, nach Glück oder nach Lust und guten Tagen trachteten, den Herkules, den Merkur, die Venus oder andere; die schwangeren Frauen die Diana oder Lucina und so fort, es machte sich jedermann das zum Gott, wohin ihn sein Herz zog. So heißt also eigentlich, auch nach aller Heiden Meinung, »einen Gott haben« so viel wie vertrauen und glauben. Der Fehler liegt aber daran, daß ihr Vertrauen falsch und unrecht ist; denn es ist nicht auf den einzigen Gott gerichtet, außer dem es wahrhaftig keinen Gott gibt weder im Himmel noch auf Erden. Deshalb machen die Heiden eigentlich ihr selbsterdachtes Wahn- und Traumbild von Gott zum Abgott und verlassen sich aufs lautere Nichts. Ebenso ist es mit aller Abgötterei bestellt. Denn sie besteht nicht bloß darin, daß man ein Bild aufrichtet und anbetet, sondern vor allem in einem Herzen, welches anderswohin gafft und bei den Kreaturen, bei Heiligen oder Teufeln Hilfe und Trost sucht: es kümmert sich nicht um Gott und verspricht sich von ihm nicht soviel Gutes, daß er helfen wolle; es glaubt auch nicht, daß das von Gott komme, was ihm Gutes widerfährt.

Wer sich durch eigene Werke den Himmel verdienen und mit Gott ins Geschäft kommen will, macht aus Gott einen Götzen und sich selber zum Gott

Außerdem gibt es auch einen falschen Gottesdienst und [zwar ist das] die höchste Abgötterei, die wir bisher getrieben haben und die noch immer in der Welt regiert; darauf sind auch alle geistlichen Stände gegründet. Sie betrifft allein das Gewissen, das da in eigenen Werken Hilfe, Trost und Seligkeit sucht und Gott den Himmel abzuzwingen sich vermißt. Und es berechnet, wie viel es gestiftet, gefastet, Messe gehalten hat usw., verläßt sich darauf und pocht darauf, als wolle es nichts von Gott geschenkt nehmen, sondern alles selbst erwerben oder mit überschüssigen [guten] Werken verdienen, gerade als müßte er in unserem Dienste stehen und unser Schuldner, wir aber seine Lehensherrn sein. Was heißt das anderes, als aus Gott einen Götzen, ja einen Apfelgott machen und sich selbst für Gott halten und aufwerfen? Aber das ist ein wenig zu scharfsinnig und gehört nicht vor die jungen Schüler.

»Gott« ist von »gut« abzuleiten, denn sein Wesen ist die Güte und alles Gute kommt von ihm

Das sei aber den einfachen Menschen gesagt, damit sie den Sinn dieses Gebots wohl in acht nehmen und behalten: man soll allein Gott (Deo soli) vertrauen und nur Gutes sich von ihm versprechen und von ihm erwarten. Denn er ist's, der uns Leib, Leben, Essen, Trinken, Nahrung, Gesundheit, Schutz, Frieden und alles Nötige an zeitlichen und ewigen

Gütern gibt; dazu bewahrt er vor Unglück und errettet und hilft heraus, falls uns etwas widerfährt. So ist also Gott, wie nun genug gesagt, allein der, von dem man alles Gute empfängt und durch den man alles Unglück los wird. Das ist auch meines Erachtens der Grund, daß wir Deutschen »Gott« mit eben diesem Namen von altersher nennen – feiner und treffender als irgend eine andere Sprache – nach dem Wörtlein »gut«, weil er ein ewiger Quellbrunn ist, der von lauter Güte überfließt und von dem alles, was gut ist und gut heißt, ausfließt.

Die Drohung und die Verheißung des ersten Gebots (oder Gesetz und Evangelium)

Damit man deshalb sehe, daß Gott das nicht in den Wind geschlagen haben will, sondern ernstlich darüber zu wachen gewillt ist, hat er zu diesem Gebot zuerst eine schreckliche Drohung, darnach eine schöne, tröstliche Verheißung dazugesetzt; das soll man auch recht einüben und dem jungen Volk einbleuen, daß sie es zu Herzen nehmen und behalten:

Ich, der Herr, dein Gott, bin ein eifernder Gott, der an denen, die mich hassen, die Sünde der Väter heimsucht bis zu den Kindern im dritten und vierten Glied, aber denen, die mich lieben und meine Gebote halten, tue ich wohl bis in tausend Glied.

Diese Drohung und Verheißung gilt für das erste und Hauptgebot, aber auch für alle anderen Gebote: Gott zürnt denen, die sich auf Götzen verlassen, er ist gnädig denen, die ihm unbedingt vertrauen

Obwohl indessen diese Worte sich, wie wir nachher hören werden, auf alle Gebote beziehen, so sind sie doch gerade zu diesem Hauptgebot gesetzt. Kommt es doch am meisten darauf an, daß der Mensch ein rechtes Haupt hat; denn wo das Haupt recht geht, da muß auch das ganze Leben recht gehen, und umgekehrt. So lerne nun aus diesen Worten, wie zornig Gott über die ist, die sich auf irgend etwas außer ihm verlassen; [und] umgekehrt, wie gütig und gnädig er denen ist, die ihm allein von ganzem Herzen vertrauen und glauben: der Zorn läßt nicht nach bis ins vierte Geschlecht oder Glied, die Wohltat oder Güte dagegen wirkt sich auf viele tausend aus.

Das Gute, das Menschen tun, empfangen wir nicht von ihnen, sondern durch sie von Gott

Denn mag uns auch sonst viel Gutes von Menschen widerfahren, so gilt doch alles als von Gott empfangen, was man auf seinen Befehl und seine Anordnung hin empfängt. Unsere Eltern und alle Obrigkeit, ferner jedermann seinem Nächsten gegenüber, haben ja den Befehl, daß sie uns Gutes aller Art tun sollen. Wir empfangen es also nicht von ihnen, sondern durch sie von Gott. Denn die Kreaturen sind nur die Hand, das Rohr und das Mittel, wodurch Gott alles gibt, wie er der Mutter Brüste und Milch gibt, um sie dem Kinde zu reichen, und wie er Korn und Gewächs aller Art aus der Erde zur Nahrung gibt: lauter Güter, deren keines eine Kreatur selbst machen kann. Deshalb soll sich kein Mensch unterstehen, etwas zu nehmen oder zu geben, wenn es nicht von Gott befohlen ist; denn man soll's als seine Gaben erkennen und ihm dafür danken, wie es dieses Gebot fordert. Darum soll man auch diese Mittel, [durch die wir] durch die Kreaturen Gutes empfangen, nicht ausschlagen noch in Vermessenheit andere Weisen und Wege suchen, als Gott befohlen hat. Denn das hieße nicht von Gott empfangen, sondern von sich selbst aus gesucht.

Erforsche dein Herz, ob es allein an Gott hängt!

Da sehe nun jeder bei sich selbst darauf, daß man dieses Gebot mehr als alle Dinge groß und hoch achte und nicht als einen Scherz behandle. Befrage und erforsche dein eigenes Herz genau; dann wirst du wohl finden, ob es allein an Gott (ex solo Deo) hängt oder nicht. Hast du ein solches

Herz, das imstande ist, nur Gutes von ihm zu erwarten, besonders in Nöten und bei Mangel, [und] dazu alles gehen und fahren zu lassen, was nicht Gott ist, – dann hast du den einen, rechten Gott. Umgekehrt, hängt das Herz an etwas anderem, von dem es als Trost sich mehr Gutes und Hilfe verspricht als von Gott, und läuft es, wenn es ihm übel geht, nicht zu ihm hin, sondern flieht vor ihm, – dann hast du einen andern, [einen] Abgott.

Diese Drohung hat Gott in der Geschichte wahr gemacht durch sein unerbittliches Gericht über alle Abgötterei

Man darf daher nicht so sicher hingehen und sich in Gefahr begeben, wie die rohen Herzen denken, es liege nicht viel daran. Er ist ein solcher Gott, der es nicht ungerächt läßt, wenn man sich von ihm abwendet, und der nicht aufhört zu zürnen bis ins vierte Glied, so lange, bis sie durch und durch ausgerottet werden. Darum will er gefürchtet und nicht verachtet sein. Das hat er auch bei allen Historien und Geschichten bewiesen, wie uns das die [Hl.] Schrift reichlich bezeugt, und wie es noch die tägliche Erfahrung lehren kann. Denn er hat von Anfang an alle Abgötterei, und um ihretwillen sowohl Heiden als Juden ganz ausgerottet.

Die furchtbare Realität seines Zornes werden auch heute alle erfahren, die gegen Gott auftrotzen

Ebenso stürzt er auch heutigentages allen falschen Gottesdienst, so daß schlußendlich alle, die darin verharren, untergehen müssen. [Es mag] darum [sein], daß man gleich jetzt stolze, gewaltige und reiche Wänste findet, die auf ihren Mammon trotzen, ohne darnach zu fragen, ob Gott zürne oder lache, als könnten sie sich wohl getrauen, seinen Zorn auszuhalten. Aber sie werden es doch nicht ausführen, sondern werden, ehe man sich's versieht, zum Scheitern kommen mit allem, worauf sie getraut haben; wie alle andern untergegangen sind, die sich wohl [noch] sicherer und mächtiger gefühlt haben.

Drohung und Zorn sind notwendig wegen der menschlichen Selbstsicherheit und Vermessenheit

Und eben um solcher harten Köpfe willen, die meinen, weil [Gott] zusehe und sie so fest auf ihrem Sitze lasse, so wisse er nichts davon oder kümmere sich nicht darum, [um ihretwillen] muß er derartig dreinschlagen und strafen, daß er's nicht vergessen kann bis auf ihre Kindeskinder, damit jedermann daran stutzig werde und daraus sehe, daß es ihm kein Scherz ist. Denn diese sind's auch, die er meint, wenn er sagt: »Die mich hassen«. Das sind die, die auf ihrem Trotz und Stolz beharren: was man ihnen predigt oder sagt, wollen sie nicht hören; tadelt man sie, damit sie zur Selbsterkenntnis kommen und sich bessern, ehe die Strafe angeht, dann werden sie toll und töricht, damit sie den Zorn redlich verdienen. Diese Erfahrung machen wir auch jetzt täglich bei Bischöfen und Fürsten.

Stärker ist der Trost: Gott macht die Verheißung seiner ewigen Gnade wahr an denen, die ihm unbedingt vertrauen

So schrecklich aber diese Drohworte sind, – ein viel mächtigerer Trost liegt in der Verheißung, daß die, die sich allein an Gott halten, dessen gewiß sein sollen, daß er Barmherzigkeit an ihnen erzeigen will; d.h. [er will] lauter Gutes und Wohltat beweisen, nicht bloß an ihnen, sondern auch an ihren Kindern bis ins tausendste und abermals tausendste Geschlecht. Das sollte uns wahrlich dazu bewegen und antreiben, uns von Herzen auf Gott zu verlassen mit aller Zuversicht, wenn anders wir begehren, alles Gute in Zeit und Ewigkeit zu haben; kommt doch die hohe Majestät uns so sehr entgegen, ermuntert uns so herzlich und gibt uns so reiche Verheißungen.

Doch der Augenschein scheint der Verheißung des ewigen Segens und Glücks zu widersprechen

Darum lasse sich das jeder ernstlich zu Herzen gehen, daß man's nicht so ansehe, als hätte es [nur] ein Mensch gesagt. Denn es trägt dir entweder ewigen Segen, Glück und Seligkeit, oder ewigen Zorn, Unglück und Herzeleid ein. Was willst du mehr haben oder begehren, als daß er dir so freundlich verheißt, er wolle Dein sein mit allem Guten, dich schützen und dir helfen in allen Nöten? Der Fehler liegt nur leider daran, daß die Welt nichts davon glaubt und es nicht für Gottes Wort hält. Sie sieht nämlich: diejenigen Menschen, die Gott und nicht dem Mammon vertrauen, haben Kummer und Not zu leiden, und der Teufel widersetzt sich ihnen und hindert sie, so daß sie weder Geld noch Beliebtheit noch Ehre, dazu kaum das Leben behalten. Umgekehrt, diejenigen, die dem Mammon dienen, haben Gewalt, Beliebtheit, Ehre, Gut und Sicherheit vor der Welt. Deshalb muß man begreifen, daß jene Worte eben gegen diesen Augenschein gerichtet sind, und muß wissen, daß sie nicht lügen und trügen, sondern wahr werden müssen.

Die Verheißung wird trotzdem gegen den Augenschein recht behalten

Denke du selbst zurück, oder frage darnach und sage mir [dann]: Was haben die, die alle ihre Sorge und ihren Fleiß darauf verwandt haben, viel Gut und Geld zusammenzuscharren, schließlich erreicht? Du wirst [dann] finden, daß sie Mühe und Arbeit verloren haben; oder wenn sie auch große Schätze zusammengebracht haben, [so ist es] doch zerstoben und verflogen, so daß sie selber ihres Gutes nie froh geworden sind, und daß es nach ihnen nicht bis auf die dritten Erben gekommen ist. Beispiele [hierfür] wirst du genug finden in allen Historien, auch von alten, erfahrenen Leuten; sieh sie dir nur an und gib acht darauf. Saul war ein großer König, von Gott erwählt, und ein frommer Mann, aber als er fest auf dem Throne saß und sein Herz Niedrigerem zuwandte und sich an seine Krone und Gewalt hängte, da mußte er untergehen mit allem, was er hatte, so daß auch von seinen Kindern keines am Leben blieb. Umgekehrt, David war ein armer, verachteter Mann, verjagt und gescheucht, so daß er seines Lebens nirgends sicher war; dennoch mußte er vor Saul [bewahrt] bleiben und König werden. Denn obige Worte mußten in Geltung bleiben und sich bewahrheiten, weil Gott nicht lügen noch trügen kann. Überlaß es nur dem Teufel und der Welt, [dich] mit ihrem Schein zu betrügen, der wohl eine Zeitlang währt, aber am Ende nichts ist.

Im ersten Gebot fordert Gott von uns nicht mehr, als daß wir alles Gute von ihm erwarten. Wird dieses Hauptgebot erfüllt, dann erfüllen sich alle anderen Gebote von selbst

Darum lasset uns das erste Gebot gut lernen, damit wir sehen, wie Gott keine Vermessenheit und kein Vertrauen auf irgend ein anderes Ding dulden will und nichts Höheres von uns fordert, als eine herzliche Zuversicht, [die] alles Gute [von ihm erwartet]. Wir sollen richtig und stracks unseres Weges gehen und von allen Gütern, die Gott gibt, keinen weiteren Gebrauch machen, als wie ein Schuster seine Nadel, Ahle und Draht zur Arbeit gebraucht und sie nachher weglegt, oder wie ein Gast die Herberge, die Verpflegung und das Lager nur für die zeitweiligen Bedürfnisse [benützt]. [So halte es] jeder in seinem Stand nach Gottes Ordnung, und lasse nur nichts davon seinen Herrn oder Abgott sein.

Das sei genug vom ersten Gebot. Wir haben es deshalb so ausführlich besprechen müssen, weil es darauf am allermeisten ankommt; denn, wie vorhin gesagt, wo das Herz mit Gott im reinen ist und dieses Gebot gehalten wird, da folgt die Erfüllung aller andern von selbst.

DAS ZWEITE GEBOT

Du sollst den Namen Gottes nicht unnütz gebrauchen

Gottes Namen mißbrauchen heißt, mit Hilfe seines Namens lügen

Wie das erste Gebot das Herz unterwiesen und den Glauben gelehrt hat, so führt uns dieses Gebot nach außen und bringt Mund und Zunge in die rechte Stellung zu Gott. Denn das erste, das aus dem Herzen herauskommt und zutage tritt, sind die Worte. Wie ich nun oben gelehrt habe, [auf die Frage] zu antworten, was »einen Gott haben« heißt, so mußt du auch lernen, den Sinn dieses und aller anderen Gebote in einfache Worte zu fassen und auf dich anzuwenden. Wenn man nun fragt: »Wie verstehst du das zweite Gebot oder was heißt ›Gottes Namen unnütz gebrauchen oder mißbrauchen‹?« so antworte aufs kürzeste so: »Das heißt ›Gottes Namen mißbrauchen‹, wenn man Gott den Herrn nennt zum Zweck einer Lüge oder Untugend irgendwelcher Art, in welcher Weise es auch geschehen mag«. Darum bedeutet das Gebot soviel, daß man Gottes Namen nicht fälschlich anführen oder in den Mund nehmen soll, wenn das Herz es gut anders weiß oder wenigstens anders wissen sollte, wie es bei denen [der Fall ist], die vor Gericht schwören und wo eine Partei der andern gegenüber [etwas] ableugnet. Denn Gottes Namen kann man nicht mehr mißbrauchen, als [wenn man] damit lügt und betrügt. Das lasse den deutlichen Wortlaut und nächstliegenden Sinn dieses Gebotes bleiben.

Dieser Mißbrauch des Namens Gottes kommt im weltlichen, vor allem aber im geistlichen Bereich vor

Daraus kann es sich nun jedermann leicht selbst ausrechnen, wann und auf wie mancherlei Weise Gottes Namen mißbraucht wird, obgleich alle Mißbräuche aufzuzählen, nicht möglich ist. Doch sei es in Kürze angedeutet. Aller

Mißbrauch des göttlichen Namens geschieht in erster Linie bei weltlichen Händeln und Sachen, die Geld, Gut und Ehre betreffen. Das mag der Fall sein öffentlich vor Gericht, auf dem Markt, oder sonst, wo man auf Gottes Namen schwört und falsche Eide ablegt, oder die Sache auf seine Seele (Seelenheil) nimmt. Besonders ist das vielfach üblich in Ehesachen, wenn zwei hergehen, sich miteinander heimlich verloben und es nachher abschwören. Am allermeisten aber findet sich jener Mißbrauch bei geistlichen Sachen, die das Gewissen belangen: wenn falsche Prediger auftreten und ihren Lügentand als Gottes Wort ausgeben. Sieh, das alles heißt mit Gottes Namen sich schmücken oder schön hinstellen und rechthaben wollen, gleichviel, ob es in groben Welthändeln geschieht oder in hohen, subtilen Sachen des Glaubens und der Lehre. Und unter diese Lügner gehören auch die Lästermäuler; nicht bloß die ganz groben, die jedermann wohlbekannt sind, die ohne Scheu Gottes Namen schänden – die gehören nicht in unsere, sondern in des Henkers Schule –; sondern auch die, die öffentlich die Wahrheit und Gottes Wort lästern und dem Teufel übergeben, wovon weiter zu reden jetzt nicht nötig ist.

Der Mißbrauch des göttlichen Namens ist die größte Sünde, weil sie eine doppelte Lüge ist

Hier laßt uns nun lernen und zu Herzen nehmen, wieviel an diesem Gebot gelegen ist, damit wir uns mit allem Fleiß hüten und scheuen vor allerlei Mißbrauch des heiligen Namens als vor der höchsten Sünde, die äußerlich geschehen kann. Lügen und Trügen ist ja schon an und für sich eine große Sünde; sie wird aber viel schwerer, wenn man sie [auch] noch rechtfertigen will und zu ihrer Bestätigung Gottes Namen heranzieht und zum Deckmantel nimmt; denn so wird aus einer Lüge eine zweifache, ja eine vielfache Lüge.

Gott bestraft den Mißbrauch seines Namens mit Drangsalen

Darum hat Gott diesem Gebot auch ein ernstliches Drohwort angehängt; das heißt folgendermaßen: »Denn der Herr wird den nicht ungestraft lassen, der seinen Namen mißbraucht«, d.h. es soll keinem geschenkt werden und ungestraft hingehen. Denn so wenig er das ungerächt lassen will, daß man das Herz von ihm abwendet, so wenig will er es dulden, daß man seinen Namen [im Mund] führt, um die Lügen zu beschönigen. Nun ist es leider eine allgemeine Plage in aller Welt, daß es derer gerade so wenige sind, die Gottes Namen nicht zur Lüge und aller Bosheit gebrauchen, ebenso wie nur wenige sind, die von Herzen allein auf Gott vertrauen. Haben wir doch alle von Natur die schöne Tugend an uns, daß, wer eine böse Tat begangen hat, seine Schande gerne verdecken und schmücken möchte, damit niemand [etwas davon] sehe oder wisse. Es ist keiner so verwegen, daß er sich einer begangenen Bosheit vor jedermann rühmte; wir wollen es alle im geheimen getan haben, ehe man es gewahr wird. Greift man dann einen [wegen seiner bösen Tat] an, so muß Gott mit seinem Namen herhalten und muß das Bubenstück fromm, die Schande zur Ehre machen. Das ist der allgemeine Lauf der Welt; wie eine große Sintflut ist es in allen Landen eingerissen. Darum haben wir auch zum Lohn, was wir suchen und verdienen: Pest, Krieg, Teuerung, Feuer, Wasser, ungeratene Weiber, Kinder und Gesinde, und allerlei Schade. Woher sonst sollte soviel Jammer kommen? Es ist noch eine große Gnade, daß uns die Erde trägt und nährt.

Vor allem der Jugend ist dieses Gebot ständig vor Augen zu halten

Darum sollte man vor allen Dingen das junge Volk ernstlich dazu anhalten und [daran] gewöhnen, daß sie dieses und andere Gebote stets vor Augen haben; und wenn sie es übertreten, [sollte man] flugs mit der Rute hinter ihnen her sein und ihnen das Gebot vorhalten und es ihnen immer einbleuen. So sollen sie aufgezogen werden, nicht allein mit Strafen, sondern zur Scheu und Furcht vor Gott.

Das zweite Gebot verbietet nicht nur den Mißbrauch des Namens Gottes, es gebietet seinen rechten Gebrauch

So verstehst du nun, was Gottes Namen mißbrauchen heißt, nämlich um es in aller Kürze zu wiederholen, ihn entweder bloß zur Lüge [zu gebrauchen] und um etwas unter [seinem] Namen zu behaupten, was nicht der Fall ist; oder um zu fluchen, zu schwören, zu zaubern und, mit einem Wort: um etwas Böses auszurichten, wie [immer] man's kann. Daneben mußt du auch wissen, wie man [Gottes] Namen recht gebraucht. Denn zugleich mit dem Wort, mit dem er sagt: »Du sollst den Namen Gottes nicht unnütz gebrauchen«, gibt er gleicherweise zu verstehen, daß man ihn recht gebrauchen solle; denn er ist uns eben darum geoffenbart und gegeben, daß er gebraucht und benutzt werden soll.

Der rechte Gebrauch des Namens Gottes besteht darin, daß er nicht benützt wird, um zu lügen, sondern um die Wahrheit zu sagen, nicht, um Böses, sondern um Gutes zu bewirken

Daraus folgt nun von selbst: indem hier verboten ist, den heiligen Namen zur Lüge oder Untugend [im Munde] zu führen, so ist umgekehrt geboten, ihn zur Wahrheit und allem Guten zu gebrauchen. So z. B. wenn man recht schwört, wo es nötig und gefordert wird; ebenso auch, wenn man recht lehrt; ebenso, wenn man den Namen in Nöten anruft, ihn lobt und ihm dankt, wenn man Gutes erfuhr, usw. Das alles ist zusammenfassend geboten in dem Spruch Psalm 50: »Rufe mich an zur Zeit der Not, so will ich dich erretten, so sollst du mich preisen.« Denn das alles heißt ihn zur Wahrheit anführen und seliglich gebrauchen; und so wird sein Name geheiligt, wie das Vaterunser betet.

Zum rechten Gebrauch des Namens Gottes gehört das rechte Schwören nach dem Beispiel Christi und des Paulus

Damit hast du die Summe (Gesamtinhalt) des ganzen Gebots erklärt. Und aus diesem Verständnis heraus hat man die Frage leicht gelöst, mit der sich viele [Kirchen-]Lehrer gequält haben: Warum im Evangelium das Schwören verboten ist, wo doch Christus, der hl. Paulus und andere Heilige oft geschworen haben. Und zwar ist der Sinn kurz der: Schwören soll man nicht zum Bösen, d.h. zur Lüge und wenn es weder nötig noch nützlich ist; aber zum Guten und zu des Nächsten Besserung soll man schwören. Denn es ist ein rechtes, gutes Werk, durch das Gott gepriesen, die Wahrheit und das Recht bestätigt, die Lüge zurückgeschlagen, die Leute zum Frieden gebracht, Gehorsam geleistet und Hader beigelegt wird. Denn da legt sich Gott selbst ins Mittel und scheidet Recht und Unrecht, Bös und Gut voneinander. Schwört eine Partei falsch, so hat sie damit ihr Urteil: sie wird der Strafe nicht entlaufen, und wenn es auch eine Zeitlang ansteht, soll ihnen doch nichts gelingen; alles, was sie damit gewinnen, soll ihnen unter den Händen zerrinnen und nimmermehr fröhlich genossen werden. So habe ich es bei vielen erfahren, die ihr Eheversprechen abgeschworen haben: sie haben nachher keine gute Stunde oder gesunden Tag mehr gehabt und sind so an Leib, Seele samt ihrem Gut jämmerlich zugrundegegangen.

Der rechte Gebrauch des Namens Gottes muß rechtzeitig eingeübt werden, daß sich die Jugend daran gewöhnt

Deshalb sage und ermahne ich wie vorhin, man solle die Kinder beizeiten durch Warnen und Abschrecken, Wehren und Strafen daran gewöhnen, daß sie sich vor dem Lügen und insbesondere davor scheuen, Gottes Namen dabei [im Munde] zu führen. Dann wenn man sie so hingehen läßt, wird nichts Gutes daraus, wie man es jetzt vor Augen hat: die Welt ist böser als sie je gewesen ist, und es gibt keine

Autorität, keinen Gehorsam, weder Treue noch Glauben, sondern lauter verwegene, ungebändigte Leute, bei denen weder Lehren noch Strafen etwas hilft; das alles ist Gottes Zorn und Strafe für solch mutwillige Verachtung dieses Gebotes. Zweitens soll man [die Kinder] auch umgekehrt dazu antreiben und reizen, Gottes Namen zu ehren und stets im Munde zu haben bei allem, was ihnen begegnen und unter die Augen kommen kann. Denn das ist die rechte Ehrung dieses Namens, wenn man allen Trost von ihm erhofft und ihn darum anruft, so daß zuerst, wie wir's oben gehört, das Herz durch den Glauben Gott seine Ehre gibt, darnach der Mund durch das Bekenntnis.

Gott bewahrt uns vor teuflischem Urteil durch die Anrufung seines Namens

Das ist zugleich auch eine heilbringende, nützliche Gewohnheit und sehr kräftig gegen den Teufel, der immerdar um uns ist. Er lauert darauf, wie er uns in Sünde und Schande, Jammer und Not bringen könne, während er es höchst ungern hört und nicht lange bleiben kann, wo man Gottes Namen von Herzen nennt und anruft. Es würde uns manches schreckliche und grauenvolle Unglück begegnen, wenn Gott uns nicht durchs Anrufen seines Namens erhalten würde. Ich habe es selbst versucht und wohl erfahren, daß oft ein plötzliches, großes Unheil bei solchem Rufen sich sogleich gewendet hat und vorübergegangen ist. Dem Teufel zum Trotz, sage ich, sollten wir den heiligen Namen immerdar im Munde führen, daß er nicht schaden kann, wie er's gerne wollte.

Der Name Gottes ist ständig und regelmäßig anzurufen

Dazu dient auch, daß man sich's angewöhnt, sich täglich Gott anzubefehlen mit Seele und Leib, Weib, Kind, Gesinde und [allem], was wir haben, für alle zufallende Not. Aus diesem Grund ist auch das Benedicite, das Gratias und andere Segenssprüche für den Abend und den Morgen aufgekommen und in Übung geblieben, ferner die Kindergewohnheit, daß man sich bekreuzigt, wenn man etwas Ungeheuerliches und Schreckliches sieht oder hört, und dann sagt: »Herr Gott, behüte«, »Hilf, lieber Herr Christus« oder dergleichen; ebenso daß man auch im umgekehrten Fall, wenn einem unverhofft etwas Gutes widerfährt, so geringfügig es auch sein mag, dann sagt: »Gott sei gelobt und gedankt«, »Das hat mir Gott beschert«, usw., so, wie man früher die Kinder daran gewöhnt hat, zu Ehren des hl. Nikolaus' und anderer Heiligen zu fasten und zu beten. Das wäre Gott angenehmer und wohlgefälliger als ein Klosterleben und als die Heiligkeit von Karthäusermönchen.

Die Ehrfurcht vor dem Namen Gottes darf der Jugend nicht aufgezwungen werden, sie muß in ihr wachsen

Sieh, so könnte man die Jugend auf kindgemäße Weise und spielend aufziehen in Gottes Furcht und Verehrung, so daß das erste und zweite Gebot fein im Schwange und in steter Übung wären. Da könnte etwas Gutes Wurzel fassen, aufgehen und Frucht bringen, daß solche Leute heranwüchsen, an denen das ganze Land einen Nutzen haben und froh werden könnte. Das wäre auch die rechte Weise, Kinder wohl zu erziehen, weil man sie mit Güte und Lust daran gewöhnen kann. Denn wenn man etwas bloß mit Ruten und Schlägen erzwingen muß, so entsteht keine gute Art daraus, und wenn man's weit bringt, so bleiben sie doch nicht länger fromm, als die Rute ihnen auf dem Nacken liegt. Hier dagegen wurzelt es im Herzen, so daß man sich mehr vor Gott als vor der Rute und dem Stock fürchtet. Das alles sage ich in so einfacher Weise für die Jugend, damit es doch einmal [in sie] eingehe; denn weil wir Kindern predigen, müssen wir auch mit ihnen lallen. Damit haben wir den Mißbrauch des göttlichen Namens verhütet und den rechten Gebrauch gelehrt, der nicht bloß in Worten, sondern auch in der Übung und im Leben bestehen soll. Man soll also wissen, daß solcher [rechte Gebrauch] Gott herzlich wohlgefällt und daß er das ebenso reichlich belohnen will, wie greulich er jenen Mißbrauch strafen will.

DAS DRITTE GEBOT

Du sollst den Feiertag heiligen

Das Gebot der äußerlichen Arbeitsruhe am Sabbat gilt nur für die Juden, nicht für die Christen

Den »Feiertag« haben wir genannt nach dem hebräischen Wörtlein »Sabbat«. Dieses bedeutet eigentlich »feiern«, d.h. Muße von der Arbeit haben; daher pflegen wir zu sagen »Feierabend machen« oder »heiligen Abend geben«. Nun hat Gott im Alten Testament den siebten Tag ausgesondert und ihn zum Feiern eingesetzt und geboten, ihn vor allen andern heilig zu halten. Was dieses äußerliche Feiern betrifft, so ist dieses Gebot nur den Juden gegeben; sie sollten mit groben Arbeiten aussetzen und Ruhe halten, damit sich sowohl Mensch als Vieh wieder erholten und nicht durch stete Arbeit geschwächt würden. Freilich haben sie es später allzu eng gefaßt und gröblich mißbraucht, so daß sie bei Christus sogar solche Werke lästerten und nicht ertragen konnten, die sie doch selber am Sabbat taten, wie man im Evangelium liest; gerade als sollte das Gebot damit erfüllt sein, daß man überhaupt kein äußeres Werk täte. Das aber war doch nicht der Sinn des Gebots, sondern es ging im Grunde darum, daß sie den Feier- oder Ruhetag heiligten, wie wir hören werden.

Das Sabbatgebot ist in seinem äußerlich-buchstäblichen Sinn aufgehoben, sein christlicher Sinn besteht darin, daß der Mensch einen Tag in der Woche zum Ausruhen und zum Gottesdienstbesuch benötigt

Darum geht nun dieses Gebot uns Christen nach dem grob-äußerlichen Wortsinn nichts an. Denn es handelt sich um ein ganz äußerliches Ding, das, wie andere Satzungen des Alten Testaments, an besondere Weisen, Personen, Zeiten und Orte gebunden war; diese sind nun durch Christus alle freigegeben. Aber um für die einfachen Menschen ein christliches Verständnis dessen zu umreißen, was Gott in diesem Gebot von uns fordert, so merke: wir halten Feiertage nicht um der verständigen und gelehrten Christen willen, denn diese bedürfen dessen zu nichts. Vielmehr tun wir es erstens auch um leiblicher Ursachen und Bedürfnisse willen. Denn die Natur lehrt und fordert das für das einfache Volk, für Knechte und Mägde, die die ganze Woche ihrer Arbeit und ihrem Geschäft nachgegangen sind, daß sie sich auch einen Tag lang zurückziehen, um sich auszuruhen und zu erquikken. Sodann allermeist deshalb, daß man an einem solchen Ruhetag, weil man sonst nicht dazu kommen kann, Gelegenheit und Zeit hat, um am Gottesdienst teilzunehmen; man soll also zusammenkommen, Gottes Wort zu hören und sich damit zu beschäftigen, um dann auch Gott zu loben, zu singen und zu beten.

Da es sowieso gleichgültig ist, an welchem Wochentag dieser Ruhetag ist, bleibt die alte Sitte des Sonntags um der Einheitlichkeit willen erhalten

[Dieser Gottesdienst] aber, sage ich, ist nicht dergestalt an eine Zeit gebunden wie bei den Juden, daß es gerade dieser oder jener Tag sein müßte; es ist ja keiner an und für sich besser als der andere. Vielmehr sollte das [eigentlich] alle Tage geschehen; aber weil die große Menge das nicht einhalten kann, muß man doch wenigstens einen Tag in der Woche dafür auswählen. Weil aber dazu von altersher der Sonntag bestimmt ist, soll man's auch dabei bleiben lassen, damit es nach einer einheitlichen Ordnung gehe und niemand durch unnötige Neuerung eine Unordnung anrichte. Somit ist das der einfache Sinn dieses Gebots, man solle, da man sowieso Feiertag hält, dieses Feiern [dazu] verwenden, um Gottes Wort zu lernen. So soll also das Predigtamt das eigentliche Amt dieses Tages sein, um des jungen Volkes und der armen Leute willen; doch soll das Feiern nicht so eng gefaßt werden, daß deshalb andere anfallende Arbeit, die man nicht umgehen kann, verboten wäre.

Den Feiertag heiligen heißt, das Wort Gottes hören und tun

Wenn man deshalb fragt, was [mit dem Gebot]: »Du sollst den Feiertag heiligen« gesagt sei, so antworte: »Den Feiertag heiligen heißt soviel wie: ihn heilig halten.« Was ist dann heilig halten? Nichts anderes als in Worten und Werken und Leben sich heilig verhalten. Denn der Tag an und für sich bedarf keines Heiligens; er ist ja an und für sich [schon] heilig geschaffen. Gott will aber haben, daß er *dir* heilig sei. Somit wird er deinethalben heilig und unheilig, je nachdem du etwas Heiliges oder Unheiliges an ihm treibst. Wie geht nun ein solches Heiligen vor sich? Nicht so, daß man hinter dem Ofen sitzt und keine grobe Arbeit tut oder einen Kranz aufsetzt und seine besten Kleider anzieht, sondern, wie gesagt, so, daß man Gottes Wort betreibt und sich darin übt.

Entscheidend ist für den Christen am Feiertag der Umgang mit Gottes Wort, nicht einfach das Ausruhen

Und wahrlich, wir Christen sollen immerfort solchen Feiertag halten, lauter heilige Dinge treiben, d.h. täglich mit Gottes Wort umgehen und es in Herz und Mund [mit uns] tragen. Aber weil wir – wie gesagt – nicht alle Zeit und Muße dazu haben, müssen wir wöchentlich einige Stunden für die Jugend bzw. wenigstens einen Tag für das ganze Volk dazu verwenden, daß man sich allein damit beschäftigt und eben die zehn Gebote, das Glaubensbekenntnis und das Vaterunser betreibt, und so unser ganzes Leben und Wesen nach Gottes Wort richtet. In der Zeit nun, in der das im Schwange geht und in Übung ist, wird ein rechter Feiertag gehalten; andernfalls soll es kein Christenfeiertag heißen. Denn Feiern und Müßiggehen können die Nichtchristen auch wohl, wie denn auch der ganze Schwarm unsrer Geistlichen täglich in der Kirche steht, singt und klingt, ohne aber einen Feiertag zu heiligen; denn sie predigen und üben kein Wort Gottes, sondern lehren und leben geradezu dawider.

Gottes Wort allein macht uns heilig

Denn das Wort Gottes ist das Heiligtum über alle Heiligtümer, ja das einzige, das wir Christen wissen und haben. Denn wenn wir gleich die Gebeine oder die heiligen und geweihten Kleider von allen Heiligen auf einem Haufen beieinander hätten, so wäre uns damit doch nichts geholfen; denn das alles ist etwas Totes, was niemanden heiligen kann. Gottes Wort dagegen ist der Schatz, der alle Dinge heilig macht; durch ihn sind alle die Heiligen selber [erst] geheiligt worden. Zu welcher Stunde man nun Gottes Wort betreibt, es predigt, hört, liest oder bedenkt – [immer] wird dadurch Person, Tag und Werk geheiligt, nicht des äußeren Werkes wegen, sondern um des Wortes willen, das uns alle zu Heiligen macht. Deswegen sage ich allezeit, daß unser ganzes Leben und Werk in Beziehung zum Worte Gottes stehen müsse, wenn es Gott gefällig oder heilig heißen soll; wenn das geschieht, so ist dieses Gebot in Kraft und geht in Erfüllung. Umgekehrt ist alles Wesen und Werk, das ohne Gottes Wort geschieht, vor Gott unheilig, mag es scheinen und glänzen, wie es will, auch wenn man's mit lauter Heiligtümern (Reliquien) behinge; so z.B. die selbsterdachten geistlichen Stände, die Gottes Wort nicht kennen und in ihren eigenen Werken Heiligkeit suchen.

Das Hauptgewicht liegt an diesem Tag auf dem Heiligen, nicht auf dem Feiern

Darum merke: die Kraft und Macht dieses Gebots besteht nicht im Feiern, sondern im Heiligen; es soll also dieser Tag in besonderer Weise ein Tag heiliger Übung sein. Denn andere Arbeiten und Geschäfte heißen ja eigentlich nicht heilige Übungen, wenn nicht zuvor der Mensch heilig ist. Hier aber muß ein solches Werk geschehen, durch das ein Mensch selber heilig wird; und das geschieht, wie [schon] gehört, allein durch Gottes Wort. Dazu sind denn [auch] die Stätten, Zeiten, Personen und der ganze äußerliche Gottesdienst gestiftet und angeordnet, damit dieses [Heiligen] auch öffentlich im Schwange sei.

Der Feiertag wird entheiligt, wenn man Gottes Wort nicht oder nicht mit dem nötigen Ernst hört

So ist also so viel an Gottes Wort gelegen, daß ohne dasselbe kein Feiertag geheiligt wird. Deshalb sollen wir wissen, daß Gott dieses Gebot streng gehalten haben will. Er will alle strafen, die sein Wort verachten und es nicht hören und lernen wollen, besonders wenn das während der Zeit geschieht, die dazu bestimmt ist. Darum sündigen wider dieses Gebot nicht allein die, die den Feiertag gröblich mißbrauchen und entheiligen, wie z.B. die um ihres Geizes oder ihrer Leichtfertigkeit willen Gottes Wort zu hören unterlassen oder in Wirtshäusern liegen und toll und voll sind wie die Säue. Sondern [es sündigen] auch die andern, die Gottes Wort hören wie irgendeinen anderen Tand; sie kommen nur aus Gewohnheit zur Predigt und gehen wieder weg und, wenn das Jahr herum ist, so können sie heuer soviel als vor einem Jahr. Bisher hat man ja gemeint, es sei richtig gefeiert, wenn man am Sonntag eine Messe oder das Evangelium habe lesen hören; aber nach Gottes Wort hat niemand gefragt, wie es auch niemand gelehrt hat. Jetzt aber haben wir Gottes Wort; gleichwohl schaffen wir jenen Mißbrauch nicht ab, lassen uns immerfort predigen und ermahnen, hören es aber ohne Ernst und Sorgfalt. Darum wisse, daß es sich nicht bloß ums Hören handelt, sondern daß es auch gelernt und behalten werden soll; und denke nicht, daß das in deiner Willkür stehe oder daß nicht viel daran liegt, sondern daß es das Gebot Gottes ist, der Rechenschaft darüber verlangen wird, wie du sein Wort gehört, gelernt und geehrt hast.

Der Feiertag wird entheiligt, wenn man sich hochmütig über die Predigt erhebt

Desgleichen sind auch die sich ekelnden Geister zu tadeln. Wenn sie eine Predigt oder zwei gehört haben, sind sie dessen satt und überdrüssig, wie wenn sie es nun selber gut könnten und keines Meisters mehr bedürften. Das ist nämlich eben jene Sünde, die man bisher zu den Todsünden gezählt hat; und zwar heißt sie acedia, d.h. Trägheit oder Überdruß. [Das ist] eine böse, gefährliche Plage; der Teufel bezaubert und betrügt damit die Herzen vieler, um uns zu übereilen und uns das Wort Gottes wieder heimlich zu entziehen.

Wer den Feiertag mißachtet und Gottes Wort nicht hört, verfällt dem Teufel

Denn das lasse dir gesagt sein: auch wenn du es bestens könntest und aller Dinge Meister wärest, so bist du doch täglich unter des Teufels Reich; und der hört weder Tag noch Nacht auf, dich zu beschleichen, um in deinem Herzen Unglauben und böse Gedanken gegen die bisher besprochenen und alle [anderen] Gebote zu entzünden. Darum mußt du fortwährend Gottes Wort im Herzen, im Mund und vor den Ohren haben. Wenn aber das Herz müßig steht und das Wort nicht erklingt, so bricht der Teufel ein und hat den Schaden angerichtet, ehe man's gewahr wird. Umgekehrt, wenn man [Gottes Wort] mit Ernst betrachtet, hört und damit umgeht, so hat es die Kraft, daß es nie ohne Frucht abgeht, sondern allezeit neues Verständnis, Lust und Andacht erweckt und ein reines Herz und [reine] Gedanken schafft. Denn es sind nicht faule oder tote, sondern geschäftige, lebendige Worte. Und wenn uns schon kein anderer Nutzen und [keine andere] Not dazu triebe, so sollte doch das jedermann dazu anreizen, daß dadurch der Teufel weggescheucht und verjagt und obendrein dieses Gebot erfüllt wird; und das ist Gott wohlgefälliger als alle andern glänzenden Heuchelwerke.

DAS VIERTE GEBOT

Überleitung von den drei ersten Geboten, die sich auf Gott beziehen, zu den sieben anderen, die sich auf den Nächsten beziehen

Bisher haben wir die drei ersten Gebote gelernt, die sich auf Gott richten: Das erste, daß man ihm von ganzem Herzen vertraue, ihn fürchte und ihn liebe in unserem ganzen Leben. Das zweite, daß man seinen heiligen Namen nicht zur Lüge oder irgend einer bösen Sache mißbrauche; vielmehr soll man ihn zu Gottes Lob, zu Nutzen und Seligkeit des Nächsten und seiner selbst [gebrauchen]. Das dritte, daß man beim Feiern und Ruhen fleißig mit Gottes Wort umgehe und es betreibe, damit all unser Tun und Leben darnach gehe. Nun folgen die anderen sieben Gebote, die sich auf unseren Nächsten beziehen. Unter ihnen ist das erste und höchste:

Du sollst Deinen Vater und Deine Mutter ehren

Gott will, daß wir die Eltern nicht nur – wie alle Menschen – lieben, sondern darüber hinaus auch ehren. Denn sie sind Gottes Stellvertreter

Diesen Vater- und Mutterstand hat Gott besonders ausgezeichnet vor allen [andern] Ständen, die unter ihm sind: er gebietet nicht schlechthin [nur], die Eltern lieb zu haben, sondern sie zu ›ehren‹. Im Blick auf Brüder, Schwestern und den Nächsten insgemein befiehlt er [nämlich] nichts Höheres als sie zu lieben; somit unterscheidet und sondert er Vater und Mutter von allen anderen Personen auf Erden und setzt sie neben sich. Denn ›Ehren‹ ist etwas viel Höheres als ›Lieben‹. Es begreift ja nicht allein die Liebe in sich ein, sondern auch Zucht, Demut und Scheu einer Majestät gegenüber, die hier verborgen ist. Auch fordert es nicht bloß, daß man die Eltern freundlich und mit Ehrerbietung anspreche, sondern vor allem soll man sowohl im Herzen als auch mit seinem leiblichen Verhalten sich [ihnen gegenüber] so einstellen und zeigen, daß man viel von ihnen hält und sie nach Gott für die Obersten ansieht. Denn wen man von Herzen ehren soll, den muß man wahrlich für hoch und groß achten. Man präge es darum den jungen Leuten ein, ihre Eltern an Gottes Statt vor Augen zu haben und also zu bedenken, daß sie dennoch Vater und Mutter sind, von Gott gegeben, auch wenn sie gering, arm, gebrechlich und seltsam wären. Ihres Lebenswandels oder eines Fehlers wegen sind sie dieser Ehre nicht beraubt. Darum sind nicht die Personen anzusehen, wie sie sind, sondern Gottes Wille, der es so anschafft und anordnet. Sonst sind wir zwar vor Gottes Augen alle gleich; unter uns aber kann es ohne solche Ungleichheit und ordnungsgemäßen Unterschied nicht abgehen. Darum ist auch von Gott geboten, sie zu beachten, so daß du mir als deinem Vater gehorsam seist und ich die Oberhand habe.

Die Wertschätzung der Eltern kommt zum Ausdruck im ehrerbietigen Umgang mit ihnen und in Hilfeleistungen

So lerne nun zuerst, was die Ehre den Eltern gegenüber heißt, wie es in diesem Gebot gefordert wird. Man soll sie nämlich vor allen Dingen herrlich und wert achten als den höchsten Schatz auf Erden. Ferner soll man sich auch mit Worten gegen sie in Zucht halten, sie nicht übel anfahren, [auf sein Recht] pochen oder poltern; sondern man lasse sie recht haben und schweige, auch wenn sie zu weit gehen. Drittens soll man ihnen auch mit Werken, d.h. mit Leib und Gut solche Ehre erweisen; man soll ihnen dienen, helfen und sie versorgen, wenn sie alt, krank, gebrechlich oder arm sind. Und das alles soll man nicht bloß gerne tun, sondern mit Demut und Ehrerbietung als etwas, das für Gott getan wird. Denn wer das weiß, wie er sie im Herzen halten soll, wird sie nicht Not und Hunger leiden lassen, sondern sie über und neben sich setzen und ihnen mitteilen, was er hat und vermag.

Hätte man dieses Gebot Gottes beachtet, dann hätte man nicht menschliche Formen der Heiligung ausdenken müssen

Zweitens siehe und merke, was für ein großes, gutes und heiliges Werk hier den Kindern vorgelegt ist. Leider verachtet man es ganz und schlägt es in den Wind, und niemand nimmt wahr, daß Gott es geboten hat, oder daß es ein heiliges, göttliches Wort und Lehrstück ist. Denn wenn man's dafür gehalten hätte, hätte jeder daraus entnehmen können, daß die, die nach diesen Worten lebten, auch heilige Leute sein müßten. So hätte man kein Klosterleben oder geistliche Stände aufzubringen brauchen: jedes Kind wäre bei diesem Gebot geblieben und hätte sein Gewissen auf Gott hin richten und sprechen können: »Soll ich gute und heilige Werke tun, so weiß ich jedenfalls kein besseres, als meinen Eltern alle Ehre und allen Gehorsam zu leisten, weil Gott selbst es geheißen hat. Denn was Gott gebietet, muß viel und weit edler sein als alles, was wir selber erdenken können. Und weil kein höherer und besserer Meister zu finden ist als Gott, so wird es gewiß auch keine bessere Lehre geben als die, die er von sich aus gibt. Nun lehrt er ja reichlich, was man tun soll, wenn man rechtschaffene, gute Werke ausüben will, und damit, daß er's gebietet, bezeugt er, daß sie ihm wohlgefallen. Ist es denn Gott, der das gebietet und nichts Besseres aufzustellen weiß, so werde ich es jedenfalls nicht besser machen.«

Sieh, so hätte man ein frommes Kind recht lehren, selig erziehen und daheim behalten können im Gehorsam und Dienst der Eltern; dann hätte man Gutes und Freude daran gesehen. Aber man hat es nicht nötig gehabt, in solcher Weise Gottes Gebot hervorzuheben, sondern man hat es liegen gelassen oder ist schnell darüber hinweggegangen, so daß ein Kind es nicht bedenken konnte; einstweilen konnte es nur das Maul aufsperren über dem, was wir aufgebracht haben, ohne Gott darüber um Rat zu fragen.

Im Unterschied zu selbsterwählten Werken ist der Gehorsam gegen die Eltern ein gottwohlgefälliges Werk. Er findet freilich seine Grenze am Gehorsam gegen Gott

Darum laßt uns um Gottes willen einmal das lernen: wenn das junge Volk Gott mit rechten, guten Werken dienen will, so muß es alles außer acht lassen und in erster Linie auf dieses Gebot sehen, daß sie tun, was Vater und Mutter oder denen lieb ist, denen sie an ihrer Statt unterstellt sind. Denn ein Kind, das das weiß und tut, hat damit in erster Linie den großen Trost im Herzen, daß es allen denen zutrotz und zuwider, die mit selbsterwählten Werken umgehen, fröhlich sagen und rühmen [kann]: »Sieh, dieses Werk gefällt meinem Gott im Himmel wohl; das weiß ich gewiß.« Laß sie mit ihren vielen großen, sauren, schweren Werken alle in einem Haufen hervortreten und sich rühmen: – laß sehen, ob sie irgend eines vorbringen können, das größer und edler wäre als der Gehorsam gegen Vater und Mutter, den Gott [unmittelbar] neben den Gehorsam gegen seine Majestät gesetzt und befohlen hat. Wenn also Gottes Wort und der Wille Gottes vor sich geht und ausgerichtet wird, soll nichts sonst mehr gelten als der Wille und das Wort der Eltern, so jedoch, daß [dieser Gehorsam gegen die Eltern] auch dem Gehorsam gegen Gott untergeordnet bleibt und den vorangehenden Geboten nicht zuwiderläuft.

Ein Kind, das dieses Gebot befolgt, stellt die Heiligkeit aller Mönche in den Schatten

Deshalb sollst du von Herzen froh sein und Gott danken, daß er dich dazu erwählt und würdig gemacht hat, ein solch köstliches, angenehmes Werk für ihn zu tun. Und wenn es auch als das allergeringste und verachtetste angesehen wird, so halte es doch nur für etwas Großes und Teures; nicht um unserer Würdigkeit willen, sondern weil es in dem Kleinod und Heiligtum, nämlich in Gottes Wort und Gebot zusammengefaßt ist und vonstatten geht. O wie teuer würden's alle Karthäusermönche und -nonnen erkaufen, wenn sie bei all ihrem geistlichen Wesen auch nur ein einziges Werk vor Gott bringen könnten, das auf Grund seines Gebotes getan wäre, und wenn sie mit fröhlichem Herzen vor seinen Augen sprechen könnten: »Nun weiß ich, daß dir dieses Werk wohlgefällt!« Wo wollen sie, die armen, elenden Leute bleiben, wenn sie vor Gott und aller Welt schamrot mit allen Schanden dastehen werden vor einem jungen Kind, das nach diesem Gebot gelebt hat, und bekennen müssen, daß sie mit all ihrem Leben nicht wert gewesen sind, ihm das Wasser zu reichen? Um der teuflischen Verkehrtheit willen, daß sie Gottes Gebot mit Füßen treten, geschieht es ihnen auch recht, wenn sie sich vergeblich mit selbsterdachten Werken abmartern müssen und dazu noch Spott und Schaden zum Lohn haben.

Dieses Gebot beruht – im Unterschied zum Mönchsstand – auf einem Schriftbeweis und einem Befehl Gottes

Solle da nun nicht ein Herz springen und vor Freude zerfließen, daß es, wenn es zur Arbeit ginge und täte, was ihm befohlen ist, sagen könnte: »Sieh, das ist besser als die Heiligkeit aller Karthäuser, wenn sie sich auch zu Tode fasten und ohne Unterlaß auf den Knien beten«? Denn hier hast du einen sicheren [Bibel-]Text und ein göttliches Zeugnis dafür, daß er dies geboten hat, während er von jenem kein Wort befohlen hat. Aber es ist ein Jammer und eine leidige Blindheit bei der Welt, daß das niemand glaubt; so sehr hat uns der Teufel mit falscher Heiligkeit und dem Schein eigener Werke bezaubert. Deshalb wollte ich so gerne, ich wiederhole es, daß man Augen und Ohren auftäte und das zu Herzen nähme, damit wir nicht auf einmal wieder von dem reinen Gotteswort zu des Teufels Lügentand verleitet werden. So würde auch etwas Gutes herauskommen: die Eltern hätten desto mehr Freude, Liebe, freundlichen

Umgang und Eintracht in ihren Häusern und ebenso könnten die Kinder ihren Eltern das ganze Herz abgewinnen. Umgekehrt, wenn sie halsstarrig sind und nicht eher tun, was sie sollen, als bis man ihnen einen Knüttel (Knüppel) auf den Rücken legt, so erzürnen sie sowohl Gott als die Eltern; damit entziehen sie sich selbst diesen Schatz und die Freude des Gewissens und sammeln sich lauter Unglück zusammen. Darum geht's auch jetzt in der Welt so zu, wie jedermann es beklagt, daß sowohl Junge als Alte ganz wild und unbändig sind. Sie haben keine Scheu und Ehrfurcht; sie tun nichts, ohne mit Schlägen dazu getrieben zu sein, und verleumden und verkleinern einander hinter des andern Rücken, soviel sie können. Darum straft sie auch Gott so, daß sie in alles Unglück und Jammer kommen. Ebenso können die Eltern meistens selbst nichts: ein Tor erzieht da den andern; wie sie gelebt haben, so leben die Kinder nachher auch.

Die Eltern ehren und ihnen gehorchen ist wichtiger als Almosen und alle anderen guten Werke gegenüber dem Nächsten

Das soll nun, sage ich, das Erste und Größte sein, was uns zu diesem Gebot treiben soll. Wenn wir keinen Vater und keine Mutter hätten, müßten wir um [dieses Gebotes] willen wünschen, daß Gott uns Holz und Stein hinstellte, damit wir sie Vater und Mutter heißen könnten. Wieviel mehr sollen wir nun, nachdem er uns lebendige Eltern gegeben hat, froh darüber werden, daß wir ihnen Ehre und Gehorsam erzeigen können? Wissen wir doch, daß das der hohen Majestät und allen Engeln so wohl gefällt und alle Teufel verdrießt. Obendrein ist es das höchste Werk, das man tun kann, nächst dem hohen Gottesdienst, der in den vorausgehenden Geboten beschrieben ist. Almosengeben und alle anderen Werke gegen den Nächsten kommen also diesem Werk noch nicht gleich, denn Gott hat diesen Stand der Eltern obenan gesetzt, ja zu seiner Stellvertretung auf Erden bestimmt. Dieser Wille Gottes und [sein] Wohlgefallen soll uns Ursache und Anreiz genug sein, um hier freiwillig und mit Lust zu tun, was wir können.

Man kann den Eltern nicht genug danken

Außerdem sind wir es ja auch vor der Welt schuldig, daß wir für die Wohltat und alles Gute, das wir von den Eltern haben, dankbar sind. Aber da regiert wieder der Teufel in der Welt, daß die Kinder ihre Eltern vergessen, wie wir alle Gott vergessen. Niemand denkt daran, wie Gott uns doch nährt, behütet und schützt und [uns] so viel Gutes an Leib und Seele gibt; besonders wenn einmal eine böse Stunde kommt, dann zürnen und murren wir ungeduldig, und es ist alles dahin, was wir unser Leben lang Gutes empfangen haben. Ebenso machen wir es den Eltern auch; es gibt kein Kind, welches dies erkennen und bedenken würde, wenn nicht der Heilige Geist es ihm eingebe. Diese Unart der Welt kennt Gott wohl; darum erinnert und treibt er sie an mit Geboten. Jeder soll drüber nachdenken, was ihm seine Eltern getan haben; dann findet er, daß er Leib und Leben von ihnen hat, dazu auch [von ihnen] ernährt und aufgezogen wurde; sonst wäre er ja hundertmal in seinem Unflat erstickt. Deshalb ist's recht und treffend von alten, weisen Leuten gesagt worden: »Deo, parentibus et magistris non potest satis gratiae rependi«, d.h.: »Gott, den Eltern und den Lehrern kann man nie genug danken und vergelten.« Wer das sieht und bedenkt, der wird wohl – ohne dazu angetrieben zu werden – seinen Eltern alle Ehre antun und sie auf den Händen tragen, weil sie es sind, durch die ihm Gott alles Gute getan hat.

Die Verheißung, die Gott diesem Gebot beifügt, ist ein Anreiz, es zu erfüllen

Über dies alles soll auch das eine große Ursache sein, uns einen noch stärkeren Anreiz zu geben, daß Gott an dieses Gebot eine liebliche Verheißung heftet und sagt: »Auf daß du ein langes Leben habest in dem Lande, darin du wohnest.« Daraus magst du selbst ersehen, wie sehr es Gott mit diesem Gebot ernst ist. Denn er sagt ausdrücklich nicht bloß, daß es ihm angenehm sei und daß er Freude und Lust daran habe, sondern daß es auch uns wohlgeraten und zum Besten gedeihen solle, so daß wir ein sanftes, süßes Leben haben können mit allem Guten. Darum betont und rühmt auch der Hl. Paulus Eph 6 das so stark, wenn er sagt: »Das ist das erste Gebot, das eine Verheißung hat: auf daß dir's wohl gehe und du lange lebest auf Erden.« Denn obwohl auch die anderen [Gebote] ihre Verheißung in sich eingeschlossen haben, so ist's doch bei keinem so deutlich und ausdrücklich hinzugesetzt.

Wer den Eltern nicht gehorcht, wird von Gott bestraft

Da hast du nun die Frucht und den Lohn [dieses Gebotes]: wer es hält, der soll gute Tage, Glück und Wohlfahrt haben; umgekehrt weißt du auch die Strafe: wer ungehorsam ist, soll desto eher umkommen und seines Lebens nicht froh werden. Dann »langes Leben haben« heißt die Schrift nicht bloß [das, daß man] betagt wird, sondern daß man alles hat, was zu einem langen Leben gehört, nämlich Gesundheit, Weib und Kind, Nahrung, Frieden, gut Regiment usw.; denn ohne das kann dieses Leben weder fröhlich genossen werden noch auf die Dauer bestehen. Willst du nun nicht Vater und Mutter gehorchen und dich von ihnen erziehen lassen, so gehorche dem Henker; gehorchst du dem nicht, so gehorche dem Streckebein, d.h. dem Tode. Denn kurz gesagt, so will es Gott haben: entweder wenn du ihm gehorchst, ihm Liebe und Dienst erweisest, will er dir's überschwenglich mit allem Guten vergelten; oder, wenn du ihn erzürnst, will er sowohl den Tod als auch den Henker über dich schikken. Wo kommen so viele Bösewichter her, die man alle Tage hängen, köpfen und rädern muß, wenn nicht vom Ungehorsam? Weil sie sich nicht im Guten erziehen lassen, bringen sie es durch Gottes Strafe so weit, daß man Unglück und Herzeleid an ihnen sieht. Denn es geschieht ganz selten, daß solche verruchten Leute eines rechten oder rechtzeitigen Todes [im Alter] sterben.

Wer den Eltern gehorcht, wird von Gott reich belohnt

Die Frommen und Gehorsamen aber haben den Segen: sie leben, wie oben gesagt, lange in guter Ruhe und sehen ihre Kindeskinder bis ins dritte und vierte Glied. So macht man auch die Erfahrung: wenn es irgendwo feine alte Geschlechter gibt, die gut gestellt sind und viele Kinder haben, so ist das gewiß daher gekommen, daß einige von ihnen wohlgezogen gewesen sind ihre Eltern vor Augen gehabt haben. Umgekehrt steht von den Gottlosen geschrieben Ps 109: »Seine Nachkommen müssen ausgerottet werden und ihr Name müsse in der nächsten Generation untergehen.« Deshalb laß dir's gesagt sein, ein wie groß Ding es bei Gott um den Gehorsam ist: er stellt ihn so hoch, hat selber ein solches Wohlgefallen an ihm und belohnt ihn reichlich; dazu ist er so streng darauf bedacht, die zu strafen, die dawiderhandeln.

Schlußwort zur Anwendung des vierten Gebotes auf die Eltern

Das sage ich alles, damit man's dem jungen Volk recht einbleue. Denn niemand glaubt, wie überaus nötig dieses Gebot ist, das doch bisher unter dem Papsttum weder geachtet noch gelehrt wurde. Es sind schlichte und leichtverständliche Worte, und jedermann meint, er könne das schon von vornherein wohl; darum geht man oberflächlich drüber weg und gafft nach etwas anderem. Man sieht und glaubt nicht, daß man Gott so schwer erzürnt, wenn man das unterläßt, und daß man so köstliche, [Gott] angenehme Werke tut, wenn man dabei bleibt.

Dieses Gebot gilt nicht nur gegenüber den Eltern, sondern gegenüber allen Vorgesetzten, die stellvertretend für die Eltern handeln

Bei diesem Gebot muß weiter auch die Rede sein von all dem Gehorsam gegenüber Oberpersonen (Vorgesetzten), die zu gebieten und zu regieren haben. Denn aus der Obrigkeit der Eltern fließt und verbreitet sich alle andere. Denn wenn ein Vater sein Kind nicht allein zu erziehen vermag, so nimmt er einen Schulmeister dazu, der es lehren soll; ist er zu schwach dazu, so nimmt er seine Freunde oder Nachbarn zu Hilfe; stirbt er, so befiehlt und übergibt er das Regiment und die Oberhand andern, die man dazu verordnet. Gleichfalls muß er auch Gesinde, Knechte und Mägde im Hausregiment unter sich haben. Somit stehen alle, die man Herren heißt, an der Stelle der Eltern und müssen von ihnen Kraft und Vollmacht zum Regieren sich geben lassen. Deshalb heißen sie auch nach der Heiligen Schrift alle Väter, weil sie mit ihrem Regiment das Amt eines Vaters ausüben und ein väterliches Herz den Ihren gegenüber haben sollen. So hat man auch von altersher bei den Römern und in anderen Sprachen die Herren und Frauen im Haus patres et matres familias, d.h. Hausväter und Hausmütter genannt. Ebenso haben sie auch ihre Landesfürsten und Oberherren patres patriae, d.h. Väter des ganzen Landes geheißen. [Das muß man] uns, die wir Christen sein wollen, zur großen Schande sagen, weil wir sie nicht auch so heißen oder sie wenigstens dafür halten und ehren.

Nicht nur die Kinder, auch alle im Haus Angestellten stehen unter diesem Gebot

Was nun ein Kind dem Vater und der Mutter schuldet, das schulden auch alle, die ins Hausregiment einbefaßt sind. Darum sollen Knechte und Mägde darauf sehen, daß sie ihren Herren und Frauen nicht bloß gehorsam sind, sondern sie auch in Ehren halten wie ihre eigenen Väter und Mütter. Sie sollen alles tun, wovon sie wissen, daß man es von ihnen haben will, nicht gezwungen und widerwillig, sondern mit Lust und Freude, eben aus der vorhin erwähnten Ursache, daß es Gottes Gebot ist und ihm vor allen anderen Werken wohlgefällt. Um deswillen müßten sie eigentlich noch Lohn draufzahlen und froh darüber sein, daß sie

Herren und Frauen bekommen können, ein solch fröhliches Gewissen haben dürfen und wissen, wie sie rechte, goldene Werke tun sollen. Das sind freilich Werke, welche bisher unscheinbar und verachtet waren; statt dessen ist jedermann in des Teufels Namen in Klöster, zu Wallfahrten und Ablaß gelaufen – zu seinem Schaden und mit bösem Gewissen.

Eine Magd, die treu ihre Hausarbeit tut, handelt gottwohlgefälliger als viele Mönche

Wenn man nun das dem armen Volk einprägen könnte, so würde eine Magd [vor Freude] nur lauter Sprünge machen, Gott loben und danken, sie würde mit ihrer säuberlichen Arbeit, für die sie ohnehin Kost und Lohn bekommt, einen solchen Schatz kriegen, wie ihn alle die nicht haben, die man für die Heiligsten hält. Ist's nicht ein vortrefflicher Ruhm, das zu wissen und sagen zu können: Wenn du deine tägliche Hausarbeit tust, so ist das besser als die Heiligkeit und das strenge Leben aller Mönche? Und obendrein hast du die Zusage, daß dir's zum Guten gedeihen soll und daß dir's wohl gehen soll. Wie willst du seliger sein oder heiliger leben, soweit es die Werke betrifft? Vor Gott macht ja ausschließlich der Glaube heilig. Mit dem Glauben dienen wir ihm allein, mit den Werken dienen wir aber den Leuten. Da hast du alles Gute, hast Schutz und Schirm unter dem Herrn, ein fröhliches Gewissen und einen gnädigen Gott dazu, der dir's hundertfältig vergelten will, und du bist gar ein Junker, wenn du nur fromm und gehorsam bist. Andernfalls hast du erstens lauter Zorn und Ungnade von Gott und keinen Frieden im Herzen, und weiter hast du alle Plage und Unglück. Wer sich nun dadurch nicht bewegen und fromm machen lassen will, den befehlen wir dem Henker und dem Streckebein. Darum bedenke jeder, der sich's sagen lassen will, daß mit Gott nicht zu scherzen ist; wisse, daß Gott mit dir redet und Gehorsam fordert. Gehorchst du ihm, so bist du das liebe Kind; verachtest du es aber, so habe dann auch Schande, Jammer und Herzeleid zum Lohn.

Auch gegenüber dem Staat gilt dieses Gebot, der Anteil hat an der Autorität der Eltern

In gleicher Weise ist auch zu reden vom Gehorsam gegen die weltliche Obrigkeit, die, wie gesagt, samt und sonders zum Vaterstand gehört und sich am allerweitesten erstreckt. Denn hier handelt es sich nicht um einen Vater einer einzelnen [Familie], sondern um einen, der sovielmal Vater ist, soviel er Einwohner, Bürger oder Untertanen hat. Durch [diese Obrigkeits-Väter] als durch unsere Eltern gibt und erhält uns nämlich Gott Nahrung, Haus und Hof, Schutz und Sicherheit. Darum weil sie diesen Namen und Titel als ihren höchsten Preis mit allen Ehren führen, sind wir auch schuldig, sie zu ehren und hochzuachten als den teuersten Schatz und das köstlichste Kleinod auf Erden.

Gott schenkt seinen Segen denen, die der Obrigkeit gehorchen und sie nicht verachten

Wer nun hier gehorsam, willig und dienstfertig ist und gerne alles tut, was die Ehre [gegenüber der Obrigkeit] belangt, der weiß, daß er etwas Gott Wohlgefälliges tut und Freude und Glück zum Lohn kriegt. Will er es nicht mit Liebe tun, sondern es verachten und sich sperren oder rumoren, so wisse er auch hinwiederum, daß er keine Gnade und Segen hat. Und wo er meint, damit einen Gulden einzusparen, so verliert er dafür anderswo zehnmal mehr oder fällt er dem Henker anheim; er kommt durch Krieg, Pest und Teuerung um oder erlebt an seinen Kindern nichts Gutes; er muß von Gesinde, Nachbarn oder Fremden und Tyrannen Schaden, Unrecht und Gewalt erleiden. So soll uns heimgezahlt und vergolten werden, was wir zu gewinnen und zu verdienen suchen. Wenn wir uns nur einmal das sagen ließen, daß solche Werke Gott so angenehm sind und so reiche Belohnung erhalten! Wir würden dann in lauter überschwenglichen Gütern sitzen und haben, was unser Herz begehrt.

Gott bestraft den, der sein eigener Herr sein will und der Obrigkeit nicht gehorcht

Da man aber Gottes Wort und Gebot so ganz verächtlich behandelt, als hätte er irgend ein Gassenbube gesagt, so laß auch sehen, ob du der Mann bist, der ihm Trotz bieten könnte? Wir schwer wird's ihm wohl werden, dir's heimzubezahlen? Du lebtest drum gewiß viel besser mit Gottes Huld, Frieden und Glück als mit Ungnade und Unglück. Warum, meinst du, ist jetzt die Welt so voll Untreue, Schande, Jammer und Mord, als weil jeder sein eigener Herr und frei wie der Kaiser sein, auf niemand etwas geben und alles tun will, wonach es ihn gelüstet? Darum straft Gott einen Spitzbuben mit dem andern; wenn du einen Herrn betrügst oder verachtest, so kommt ein anderer, der dir wieder ebenso mitspielt; ja du mußt dir in deinem eigenen Haus von Weib, Kindern oder Gesinde zehnmal mehr gefallen lassen. Wir fühlen unser Unglück deutlich, murren und klagen über Untreue, Gewalt und Unrecht, wollen aber nicht einsehen, daß wir selbst Spitzbuben sind, die eine Strafe redlich verdient haben, und wollen in keiner Beziehung uns dadurch bessern. Wir wollen keine Gnade und kein Glück haben, darum haben wir verdientermaßen lauter Unglück ohne alle Barmherzigkeit. Es muß doch noch irgendwo fromme Leute auf Erden geben, daß uns Gott noch so viel Gutes läßt; wenn es auf uns ankäme, so dürften wir keinen Heller im Haus, keinen Strohhalm auf dem Felde behalten.

Schlußwort zur Anwendung des vierten Gebotes auf die Vorgesetzten und den Staat

Das alles habe ich mit soviel Worten betreiben müssen, ob es vielleicht einmal jemand zu Herzen nehmen wollte. Dann könnten wir die Blindheit und den Jammer, worin wir so tief drinstecken, los werden und Gottes Wort und Willen recht erkennen und mit Ernst annehmen. Denn daraus würden wir lernen, wie wir Freude, Glück und Heil genug haben könnten für Zeit und Ewigkeit.

Neben den Vätern des Blutes, des Hauses und des Landes gibt es noch die geistlichen Väter, denen die höchste Ehre gebührt

So haben wir dreierlei Väter, die uns in diesem Gebot vor Augen gestellt sind: die [Väter] nach dem Blut, des Hauses und des Landes. Außerdem gibt es auch noch geistliche Väter. Nicht solche, wie im Papsttum, die sich wohl so haben nennen lassen, aber das väterliche Amt nicht geführt haben. Denn nur die heißen geistliche Väter, die uns durch Gottes Wort regieren und vorstehen, wie sich der hl. Paulus als Vater rühmt 1. Kor 4, wo er spricht: »Ich habe euch in Christus Jesus durch das Evangelium gezeugt.« Weil sie nun Väter sind, gebührt ihnen auch die Ehre, sogar wohl vor allen andern; aber da ist sie am wenigsten in Übung. Denn die Welt muß sie so sehr ehren, daß man sie aus dem Lande jagt und ihnen nicht [einmal] ein Stück Brot gönnt; und kurzum, sie müssen, wie Paulus sagt, der Welt Kehricht und jedermanns Abfall sein. Doch ist es nötig, das auch dem Volk eindringlich zu machen, daß die, die Christen heißen wollen, vor Gott schuldig sind, ihre Seelsorger zweifacher Ehre wert zu halten, ihnen wohlzutun und sie zu versorgen. Zu diesem Zweck will dir Gott auch genug geben und dir nichts mangeln lassen. Aber da sperrt und wehrt sich jedermann; sie haben alle Sorge, daß der Bauch verschmachte, und so können sie jetzt nicht einmal *einen* rechtschaffenen Prediger ernähren, wo wir früher zehn Mastbäuche gefüllt haben. Damit verdienen wir es auch, daß uns Gott seines Wortes und Segens beraubt und wieder Lügenprediger aufstehen läßt, die uns zum Teufel führen und obendrein unser Schweiß und Blut aussagen.

Wir sollten Gott danken für die Verheißung, mit der er alle belohnt, die ihre leiblichen und geistlichen Väter ehren

Alle aber, die Gottes Willen und Gebote sich vor Augen halten, haben die Verheißung, daß ihnen reichlich vergolten werden soll, was sie sowohl leiblichen als geistlichen Vätern zuwenden und zu Ehren tun. Sie sollen nicht nur für ein oder zwei Jahre Brot, Kleider und Geld haben, sondern langes Leben, Nahrung und Frieden, und sie sollen ewig reich und selig sein. Darum tu nur, was du schuldig bist, und lasse Gott dafür sorgen, wie er dich ernähre und dir genug verschaffe. Hat er's verheißen und noch nie gelogen, so wird er dir auch nicht lügen. Das sollte uns immer aufmuntern und unser Herz so stimmen, daß es vor Lust und Liebe denen gegenüber zerschmelzen möchte, denen wir Ehre schulden; wir sollten die Hände aufheben und fröhlich Gott danken, daß er uns solche Verheißungen gegeben hat, nach denen wir bis ans Ende der Welt laufen müßten. Denn auch wenn alle Welt zusammenwirkte, so könnte sie uns doch kein Stündlein zum Leben zulegen oder ein Körnlein aus der Erde zugeben. Gott aber kann und will dir alles überschwenglich geben nach Deines Herzens Lust. Wer nun das verachtet und in den Wind schlägt, der ist es wirklich nicht wert, daß er ein Gotteswort höre.

Eltern, Vorgesetzte und Regierende stehen ihrerseits unter Gottes Gehorsam und sie dürfen sich nicht selbst zum Gott machen. Sie haben nicht nur Rechte, sondern auch Pflichten

Damit wurde nun allen denen übergenug gesagt, die unter dieses Gebot gehören. Daneben wäre mit Recht auch den Eltern und allen, die der Eltern Amt ausführen, zu predigen, wie sie sich denen gegenüber verhalten sollen, die ihnen zur Leitung anbefohlen sind. Das steht zwar nicht ausdrücklich in den Zehn Geboten, ist aber doch sonst an vielen Stellen der [Heiligen] Schrift reichlich geboten; auch will es Gott gerade in diesem Gebot mitinbegriffen haben, insofern als er Vater und Mutter nennt. Denn er will nicht [böse] Buben und Tyrannen zu diesem Amt und Regiment haben; er gibt ihnen auch nicht darum die Ehre, d.h. die Macht und das Recht zu regieren, daß sie sich anbeten lassen. Vielmehr sollen sie bedenken, daß sie unter Gottes Gehorsam sind, und sollen sich vor allen Dingen von Herzen und treu ihres Amtes annehmen, indem sie ihre Kinder, ihr Gesinde, ihre Untertanen usw. nicht bloß ernähren und leiblich versorgen, sondern vor allem zu Gottes Lob und Ehre erziehen. Darum bedenke: das steht nicht in deinem Belieben und eigener Willkür, sondern Gott hat es streng geboten und auferlegt; vor ihm wirst du dich auch dafür verantworten müssen.

Die übergeordneten Personen vernachlässigen ihre Pflicht, die Jugend zu erziehen

Da ist nun wieder die leidige Plage, daß niemand das wahrnimmt und beachtet. Sie gehen hin, als gebe uns Gott Kinder, damit wir unsere Lust und Kurzweil daran haben; daß wir das Gesinde wie eine Kuh oder einen Esel allein zur Arbeit gebrauchen oder an den Untertanen unseren Mutwillen auslassen. Man läßt sie laufen, als ginge es uns nichts an, was sie lernen oder wie sie leben. Niemand will einsehen, daß es der Befehl der hohen Majestät ist, die das ernstlich von uns fordern und rächen wird, auch nicht, daß es so sehr nötig ist, sich der Jugend mit Ernst anzunehmen. Denn wollen wir feine, geschickte Leute haben sowohl für das weltliche als auch für das geistliche Regiment, so dürfen wir wahrhaftig weder Fleiß und Mühe noch Kosten an unseren Kindern sparen, um sie zu lehren und zu erziehen, damit sie Gott und der Welt dienen können. [Wir dürfen] nicht bloß daran denken, wie wir ihnen Geld und Gut sammeln; denn Gott kann sie wohl ohne uns ernähren und reich machen, wie er es auch täglich tut. Vielmehr hat er uns darum Kinder gegeben und anbefohlen, daß wir sie nach seinem Willen aufziehen und regieren; zu etwas anderem würde er Vater und Mutter nicht brauchen. Darum wisse jeder, daß er bei Verlust der göttlichen Gnade schuldig ist, seine Kinder vor allen Dingen zur Furcht und Erkenntnis Gottes zu erziehen und sie, falls sie dazu geschickt sind, auch lernen und studieren zu lassen, damit man sie, wo es nötig ist, gebrauchen könne.

Die Erziehung der Jugend kommt dem ganzen Land zugute

Wenn man nun das [wirklich] täte, so würde uns Gott auch reichlich segnen und Gnade geben, daß man solche Leute erziehe, durch die Land und Leute gebessert werden könnten, und dazu feine, erzogene Bürger und züchtige und häusliche Frauen, die dann weiterhin fromme Kinder und [ein frommes] Gesinde erziehen könnten. Da bedenke nun selber: du richtest einen mörderischen Schaden an, wenn du darin säumig bist und es bei dir daran fehlen lässest, daß dein Kind nützlich und seliglich erzogen werde. Obendrein lädst du alle Sünde und [Gottes] Zorn auf dich und verdienst so die Hölle an deinen eigenen Kindern, auch wenn du sonst fromm und heilig wärest. Weil man das verachtet, deshalb straft auch Gott die Welt so greulich, daß man keine Zucht, kein [rechtes] Regiment und keinen Frieden hat. Darüber klagen wir ja auch alle, sehen aber nicht, daß das unsere eigene Schuld ist. Denn wie wir [selber] erziehen, so haben wir ungeratene und ungehorsame Untertanen.

Das möge zur Mahnung genügen; denn um das ausführlich zu betreiben, dazu ist ein andermal Zeit.

DAS FÜNFTE GEBOT

Du sollst nicht töten

Dieses Gebot verpflichtet den Einzelnen

Wir haben nun sowohl das geistliche als auch das weltliche Regiment besprochen, d.h. die göttliche und die väterliche Obrigkeit und den Gehorsam gegen sie. Hier aber gehen wir nun aus unserem Hause hinaus unter die Nachbarn, um zu lernen, wie wir untereinander leben sollen, jeder einzelne für sich selbst im Verhältnis zu seinem Nächsten.

Somit ist in diesem Gebot Gott und die Obrigkeit nicht mit einbegriffen noch wird ihnen die Macht genommen, die sie zum Töten haben. Denn Gott hat sein Recht, die Übeltäter zu strafen, der Obrigkeit an Stelle der Eltern übertragen – wie man bei Mose liest, mußten diese früher ihre Kinder selbst vor Gericht stellen und zum Tode verurteilen. Was hier verboten ist, ist deshalb der Einzelperson gegenüber einer anderen Person verboten, und nicht der Obrigkeit.

Christus verschärft dieses Gebot in der Bergpredigt

Dies Gebot ist nun leicht genug verständlich und wird oft behandelt, weil man es alle Jahre im Evangelium hört Matth 5. Dort legt Christus selber es aus und faßt es [dahingehend] zusammen, daß man nämlich nicht töten solle weder mit Hand, Herz, Mund, Zeichen, Gebärden, noch durch Mithilfe und Rat. Darum ist darin jedermann das Zürnen verboten, diejenigen – wie schon gesagt – ausgenommen, die Gottes Stellvertreter sind, d.h. Eltern und Obrigkeit. Denn Gott und was in göttlichem Stand ist, gebührt es, zu zürnen, zu schelten und zu strafen eben um deretwillen, die dieses und andere Gebote übertreten.

Dieses Gebot will eine Schutzmauer um den Mitmenschen errichten

Die Ursache aber und die Notwendigkeit dieses Gebotes besteht darin, daß Gott wohl weiß, wie böse die Welt ist, und wie viel Unglück dieses Leben mit sich bringt; deshalb hat er dieses und andere Gebote zwischen gut und böse gestellt. Nun gibt es mancherlei Anfechtung wider alle Gebote, und so geht es auch hier: wir müssen unter viel Leuten leben, die uns Leid zufügen, so daß wir Ursache haben, ihnen feind zu sein. Wenn z.B. dein Nachbar sieht, daß du ein besseres Haus und [einen besseren] Hof, mehr Gut und Glück von Gott hast, als er, so verdrießt es ihn; er beneidet dich und redet nichts Gutes von dir. So kriegst du, weil der Teufel dazu aufreizt, viel Feinde, die dir weder leiblich noch geistlich etwas Gutes gönnen. Wenn man dann solche [Leute] sieht, so will unser Herz auch seinerseits in Wut geraten und Blut fließen lassen und sich rächen; da fängt dann ein Dagegenfluchen und Dagegenschlagen an, woraus schließlich Jammer und Mord folgt. Dem kommt nun Gott zuvor wie ein freundlicher Vater; er legt sich ins Mittel und will den Hader beendet haben, damit kein Unglück daraus entstehe und keiner den andern verderbe. Und kurzum, er will hiermit jeden beschirmt, der Verfolgung entzogen und im Frieden gelassen haben vor jedermanns Frevel- und Gewalttat, und will dieses Gebot um den Nächsten herum zur Ringmauer, zur Festung und Freistätte aufgestellt haben, damit man ihm an seinem Leibe kein Leid noch Schaden antun möge.

Dieses Gebot will das Töten in seiner Wurzel beseitigen

So läuft nun dieses Gebot darauf hinaus, daß man niemandem ein Leid antun soll um irgend einer bösen Tat willen, auch wenn er es reichlich verdient. Denn wo das Totschlagen verboten ist, da sind auch alle Ursachen verboten, aus denen Totschlag entspringen kann. Manch einer tötet ja zwar nicht, aber flucht doch und stößt eine Verwünschung aus, mit der der andere nicht mehr weit laufen würde, wenn er es auf den Hals bekommen müßte. Weil nun dies jedermann von Natur anhängt, und es allgemein Brauch ist, daß keiner vom andern sich etwas gefallen lassen will, will Gott die Wurzel und den Ursprung davon wegräumen, durch welche das Herz gegen den Nächsten erbittert wird. Er will uns daran gewöhnen, dieses Gebot allzeit vor Augen zu haben und uns darin zu spiegeln, Gottes Willen anzusehen und ihm das Unrecht, das wir leiden, anzubefehlen mit herzlichem Vertrauen und unter Anrufung seines Namens. [Wir sollen] also jene in ihrer Feindschaft toben und zürnen lassen; mögen sie tun, was sie können! So lerne ein Mensch den Zorn stillen und ein geduldiges, sanftmütiges Herz in der Brust tragen, besonders denen gegenüber, die ihm Ursache zum Zornigwerden geben, d.h. gegenüber den Feinden.

Gott verbietet nicht nur, daß man mit der Hand tötet, sondern er verbietet auch, daß man mit der Zunge und mit dem Herzen tötet

Will man darum den einfachen [Menschen] so deutlich als möglich einprägen, was »Nicht-Töten« heißt, so ist der zusammenfassende Inhalt [dieses Gebotes] folgender: Erstens soll man niemand ein Leid antun, zunächst einmal nicht mit der Hand oder Tat, sodann soll man auch die Zunge nicht dazu gebrauchen lassen, um [zu solchem Tun] zu reden oder zu raten. Außerdem soll man keinerlei Mittel oder Weise gebrauchen oder bewilligen, wodurch jemand beleidigt werden könnte; und schließlich soll das Herz niemandem feind sein oder aus Zorn und Haß jemand etwas Böses gönnen. So soll also Leib und Seele jedermann gegenüber ohne Schuld bleiben, besonders aber dem gegenüber, der dir Böses wünscht oder zufügt. Denn wenn du dem, der dir Gutes gönnt und tut, etwas Böses antust, so ist das nicht menschlich, sondern teuflisch.

Man tötet nicht nur, indem man Böses tut, sondern auch, indem man Gutes unterläßt: z.B. einem Hungernden nichts zu essen gibt, so daß er stirbt

Zweitens verschuldet sich gleichfalls diesem Gebot gegenüber nicht bloß, wer Böses tut, sondern auch, wer seinem Nächsten Gutes tun, [ihm] zuvorkommen, [Schädliches] abwehren, [ihn] schützen und retten kann, daß ihm kein Leid noch Schaden am Leib widerfahre – und tut es nicht. Wenn du also einen Nackten gehen läßt und könntest ihn kleiden, so hast du ihn erfrieren lassen; siehst du jemanden Hunger leiden und speisest ihn nicht, so läßt du ihn Hungers sterben. Ebenso: siehst du jemanden zum Tode verurteilt oder in gleicher Not und rettest ihn nicht, wenn du Mittel und Wege dazu wüßtest, so hast du ihn getötet; und es wird dir nichts helfen, daß du vorwendest, du habest [zu seiner Lage] nicht mitgeholfen und durch Rat oder Tat dazu beigetragen. Denn du hast ihm die Liebe entzogen und ihn der Wohltat beraubt, durch die er am Leben geblieben wäre.

Gott wird diese Mörder der Unterlassung unerbittlich richten

Darum heißt Gott auch mit Recht alle diejenigen Mörder, die in Nöten und Gefahren für Leib und Leben nicht raten und helfen, und er wird ein gar schreckliches Urteil über die ergehen lassen am Jüngsten Tage. Da wird er, wie Christus selbst verkündigt, sprechen: »Ich bin hungrig und durstig gewesen, und ihr habt mich nicht gespeist noch getränkt; ich bin ein Gast gewesen, und ihr habt mich nicht beherbergt; ich bin nackt gewesen, und ihr habt mich nicht bekleidet; ich bin krank und gefangen gewesen, und ihr habt mich nicht besucht.« D.h.: ihr hättet mich und die Meinen wohl an Hunger, Durst und Frost sterben, von wilden Tieren zerreißen, im Gefängnis verfaulen und in Nöten verderben lassen. Was heißt das anders, als [solche Leute] Mörder und Bluthunde schelten? Denn wenn du auch solches [Töten deines Nächsten] nicht mit der Tat begangen hast, so hast du ihn doch im Unglück stecken und umkommen lassen, soviel an dir gelegen ist. Und das ist geradeso, wie wenn ich sähe, daß jemand auf tiefem Wasser fährt und sich [im Unwetter] abarbeitet oder in ein Feuer gefallen ist, und ich könnte ihm die Hand reichen, ihn herausreißen und retten, und täte es doch nicht: Wie würde ich, auch vor aller Welt, anders dastehen als wie ein Mörder und Bösewicht?

Letztlich ist mit diesem Gebot das Gebot der Nächstenliebe und Feindesliebe gemeint

Darum ist die eigentliche Meinung Gottes [von diesem Gebot] die, daß wir keinem Menschen Leid widerfahren lassen, sondern alles Gute und Liebe beweisen; und zwar ist das, wie schon gesagt, besonders auf die gerichtet (gemünzt), die unsere Feinde sind. Denn daß wir Freunden Gutes tun, ist nur eine gewöhnliche, heidnische Tugend, wie Christus Matth 5 sagt.

Die Erfüllung dieses Gebotes ist gottwohlgefälliger als mönchische Werke

Da haben wir nun aufs neue Gottes Wort, mit dem er uns anreizen und antreiben will zu rechten, edlen, hohen Werken, wie Sanftmut, Geduld und – zusammenfassend gesagt – Liebe und Wohltat unseren Feinden gegenüber. Er will uns immerfort daran erinnern, daß wir an das erste Gebot zurückdenken, daß er unser Gott sei, d.h. uns helfen, beistehen und schützen wolle, auf daß er die Lust, uns zu rächen, dämpfe. Das sollte man nun betreiben und einbleuen; dann würden wir alle Hände voll gute Werke zu tun haben. Aber das wäre nicht für die Mönche gepredigt, dem geistlichen Stand zuviel Abbruch getan, der Heiligkeit der Karthäuser zu nahe getreten und müßte wohl geradezu gute Werke verboten und Klöster ausgeräumt heißen! Denn auf diese Weise würde ja der gewöhnliche Christenstand ebensoviel, ja weit und viel mehr gelten, und jedermann würde sehen, wie sie die Welt mit ihrem falschen, heuchlerischen

Schein von Heiligkeit äffen (zum besten haben) und irreführen! Sie haben ja dieses und andere Gebote in den Wind geschlagen und für unnötig gehalten, als wären es nicht Gebote, sondern bloße Ratschläge. Und daneben haben sie unverschämt ihren Heuchelstand mit seinen Werken als das vollkommenste Leben gerühmt und ausgeschrieen, um ja ein gutes, sanftes Leben zu führen ohne Kreuz und Geduld. Darum sind sie auch in die Klöster gelaufen, damit sie von niemand etwas zu leiden noch jemand etwas Gutes zu tun brauchten. Du aber wisse, daß dies die rechten, heiligen und göttlichen Werke sind, über welche [Gott] sich mit allen Engeln freut; diesen Werken gegenüber ist alle menschliche Heiligkeit Stank und Unflat, und überdies verdient sie nichts anderes als Zorn und Verdammnis.

DAS SECHSTE GEBOT

Du sollst nicht ehebrechen

Dieses und die folgenden Gebote verbieten es, dem Nächsten Schaden zuzufügen

Diese [folgenden] Gebote sind nun an und für sich leicht zu verstehen aus dem vorhergehenden; denn sie laufen alle darauf hinaus, daß man sich hüten solle vor aller Art von Schädigung des Nächsten. Sie sind aber geordnet zusammengestellt: zuerst wird [im fünften Gebot] auf seine eigene Person [Bezug genommen]; sodann wird fortgefahren zu der nächststehenden Person bzw. dem Gut, das als nächstes nach seinem eigenen Leibe kommt, nämlich zu seinem Ehegemahl. Das ist ja mit ihm *ein* Fleisch und Blut, so daß man ihm an keinem andern Gut einen höheren Schaden antun kann.

Das Verbot dieses Gebotes bezieht sich zunächst auf den Ehebruch

Darum kommt es hier auch deutlich zum Ausdruck, daß man [dem Nächsten] keine Schande zufügen soll an seiner Ehefrau. Dem eigentlichen Wortlaut nach geht [das Gebot nur] auf den Ehebruch. Im jüdischen Volk war es nämlich so geordnet und geboten, daß jedermann sich im Ehestand befinden mußte. Darum wurde auch die Jugend möglichst frühzeitig verheiratet. Der jungfräuliche Stand galt somit nichts; auch wurde nicht, wie es jetzt der Fall ist, ein öffentliches Huren- und Bubenleben gestattet. Darum ist der Ehebruch die verbreitetste Unkeuschheit bei ihnen gewesen.

Dieses Gebot richtet sich aber darüber hinaus gegen jede Unkeuschheit, und zwar auch gegen die, die in Gedanken und Worten, nicht nur in Werken verübt wird

Weil aber bei uns ein solch schändliches Gemenge und ein solcher Bodensatz aller Untugend und Büberei ist, ist dieses Gebot auch gegen alle Unkeuschheit gerichtet, wie man sie nennen mag. Und zwar ist nicht bloß äußerlich das Tun verboten, sondern auch alles, was Ursache, Anreizung und Mittel dazu ist. So soll also Herz, Mund und der ganze Leib keusch sein und der Unkeuschheit keinen Raum, keine Hilfe und keinen Rat geben. Und nicht allein das, sondern man soll auch abwehren, schützen und retten, wo solche Gefahr und Not ist, und andererseits helfen und raten, daß der Nächste in Ehren bleibe. Denn wenn du das unterläßt, wo du es doch verhindern könntest, oder wenn du daran vorbeisiehst, als ginge es dich nichts an, so bist du in gleichem Maße schuldig als der Täter selbst. Demnach ist, um es kurz zusammenzufassen, soviel gefordert, daß ein jeder sowohl für sich selbst keusch lebe als auch dem Nächsten dazu helfe; Gott will also durch dieses Gebot einen jeden Ehegemahl mit Schranken umgeben und bewahren, daß sich niemand an ihm vergreife.

Gott will durch dieses Gebot den Ehestand schützen, der ein göttlicher Stand ist

Weil aber dieses Gebot so eben auf den Ehestand gerichtet ist, und Ursache ist, davon zu reden, so sollst du wohl erfassen und dir merken: Erstens wie Gott diesen Stand so herrlich ehrt und preist, indem er ihn durch sein Gebot sowohl bestätigt als bewahrt. Bestätigt hat er ihn oben im vierten Gebot: »Du sollst Vater und Mutter ehren.« Hier aber hat er ihn, wie gesagt, verwahrt und beschützt. Darum will er ihn auch von uns als einen göttlichen, seligen Stand geehrt, gehalten und geführt haben; hat er ihn doch zuerst vor allen anderen eingesetzt und deshalb, wie vor Augen, Mann und Weib verschieden geschaffen, nicht zur Büberei, sondern damit sie sich zusammenhalten, fruchtbar seien und Kinder zeugen, ernähren und aufziehen zu Gottes Ehre. Darum hat ihn auch Gott vor allen Ständen aufs reichlichste gesegnet und dazu alles, was in der Welt ist, ihm zugewandt und verliehen, damit dieser Stand ja gewiß wohl und reichlich versorgt würde. So ist es kein Scherz und Vorwitz, sondern ein treffliches Ding und ein göttlicher Ernst um das eheliche Leben. Denn es liegt [Gott] alles daran, daß man Leute erziehe, die der Welt dienen und helfen zu Gottes Erkenntnis, seligem Leben und allen Tugenden, um wider die Bosheit und den Teufel zu streiten.

Die Ehe ist der edelste Stand und er steht über allen anderen geistlichen und weltlichen Ständen

Darum habe ich immer gelehrt, man solle diesen Stand nicht verachten noch schimpflich beurteilen, wie es die blinde Welt und unsere falschen Geistlichen tun, sondern man solle ihn einschätzen nach Gottes Wort, durch das er geschmückt und geheiligt ist. Er ist nicht bloß andern Ständen gleichgesetzt, sondern geht ihnen allen vor und übertrifft sie, mag es sich um Kaiser, Fürsten, Bischöfe und wer sie sein wollen, handeln. Denn was geistliche wie weltliche Stände sind, – beide müssen sich demütigen und sich alle in diesem Stande finden lassen, wie wir hören werden. Darum ist es nicht ein besonderer, sondern der allgemeinste, edelste Stand, der durch den ganzen Christenstand, ja durch alle Welt geht und reicht.

Die Ehe ist nicht nur ein ehrenvoller, sondern ein notwendiger Stand. Denn man kann außerhalb der Ehe nicht keusch bleiben, sieht man von wenigen Ausnahmen ab, die Gott von diesem Naturgesetz ausgenommen hat

Zweitens sollst du auch wissen, daß es nicht allein ein ehrenvoller, sondern auch ein notwendiger Stand ist. Es ist ernstlich von Gott geboten, daß sich insgemein durch alle Stände hindurch Männer und Frauen darin finden lassen, die dazu geschaffen sind. Einige jedoch, wenn auch nur wenige, sind davon ausgenommen, die Gott eigens davon ausgenommen hat, weil sie zum Ehestand nicht tauglich sind oder weil er sie durch eine hohe, übernatürlich Gabe dazu freigemacht hat, daß sie außerhalb des [Ehe]standes Keuschheit bewahren können. Denn wo es nach der Natur geht, wie sie von Gott eingepflanzt ist, ist es nicht möglich, außerhalb der Ehe keusch zu bleiben. Denn Fleisch und Blut bleibt Fleisch und Blut, und die natürliche Neigung und Reizung geht unverwehrt und ungehindert [ihren Gang], wie jedermann sieht und fühlt. Damit es desto leichter sei, Unkeuschheit einigermaßen zu vermeiden, hat Gott deshalb auch den Ehestand befohlen, daß ein jeder sein zugemessenes Teil habe und sich daran genügen lasse. Freilich gehört noch Gottes Gnade dazu, daß das Herz auch keusch sei.

Die Verachtung der Ehe rächt sich durch Unkeuschheit. Man kann nicht aus dem Ausnahmefall einen Regelfall machen, wie es in den Klöstern und durch den priesterlichen Zölibat geschah

Daraus siehst du, wie unser päpstlicher Haufe, Priester, Mönche und Nonnen der Ordnung und dem Gebot [Gottes] widerstreben. Sie verachten und verbieten den Ehestand und vermessen sich und geloben, ewige Keuschheit zu halten; dazu betrügen sie die einfachen Menschen mit lügenhaften Worten und [täuschendem] Schein. Denn niemand hat so wenig Liebe und Lust zur Keuschheit als eben die, die den Ehestand aus großer Heiligkeit meiden und entweder offenkundig und unverschämt in Hurerei liegen oder es heimlich noch ärger treiben, daß man es nicht zu sagen wagt. Diese Erfahrung hat man leider allzuviel gemacht. Und kurz, auch wenn sie sich der Tat enthalten, so stecken sie doch im Herzen voll unkeuscher Gedanken und böser Lust, daß da ein ewiges Brennen und heimliches Leiden ist, das man im ehelichen Leben umgehen kann. Darum ist durch dieses Gebot jedes Gelübde, ohne Ehe keusch zu bleiben, verdammt und aufgehoben; ja es ist sogar allen armen, gefangenen Gewissen, die durch ihre klösterlichen Gelübde betrogen sind, geboten, daß sie aus dem unkeuschen Stand ins eheliche Leben treten. Man muß sehen: selbst wenn sonst das Klosterleben gottgefällig wäre, so steht es doch nicht in ihrer Kraft, Keuschheit zu bewahren, und wenn sie [im Kloster] bleiben, müssen sie nur mehr und weiter gegen dieses Gebot sündigen.

Die Ehe muß wieder zu Ehren kommen. Sie soll daher Ziel der Erziehung der Jugend sein

Solches sage ich nun darum, daß man das junge Volk dazu anhalte, daß sie Lust zum Ehestand gewinnen und wissen, daß es ein seliger Stand ist und Gott wohlgefällt. Denn damit könnte man es mit der Zeit wieder dahin bringen, daß er wieder zu seiner Ehre käme; das unflätige, wüste, unordentliche Wesen würde abnehmen, das jetzt allenthalben in der Welt sich breit macht mit öffentlicher Hurerei und anderen schändlichen Lastern, die aus der Verachtung des ehelichen Lebens gefolgt sind. Darum sind es hier auch die Eltern und die Obrigkeit schuldig, auf die Jugend zu sehen: man soll sie zur Zucht und Ehrbarkeit aufziehen, und, wenn sie erwachsen sind, mit Gott und in Ehren verheiraten. Dazu würde Gott seinen Segen und Gnade geben, daß man Lust und Freude daran hätte.

Das Wichtigste in der Ehe ist die gegenseitige Liebe und Treue der Ehegatten

Auf Grund von dem allem sei nun abschließend gesagt, daß dieses Gebot nicht allein fordert, daß jedermann mit Werken, Worten und Gedanken keusch lebe in seinem Stande, d.h. in den allermeisten Fällen im ehelichen Stande, sondern auch, daß er sein Gemahl als von Gott gegeben lieb und wert halte. Denn wo eheliche Keuschheit gehalten werden soll, da müssen Mann und Frau vor allen Dingen in Liebe und Eintracht beieinander wohnen, daß eines den andern von Herzen und mit ganzer Treue liebe. Denn das ist eines der wichtigsten Stücke, das Liebe und Lust zur Keuschheit macht; wo das in Übung ist, da wird wohl von selbst auch Keuschheit daraus folgen ohne alles Gebieten. Deshalb ermahnt auch der hl. Paulus die Eheleute so fleißig, daß eins das andere liebe und ehre. Da hast du nun abermals ein köstliches, ja viele und große, gute Werke, welche du fröhlich rühmen kannst allen geistlichen Ständen gegenüber, die ohne Gottes Wort und Gebot erwählt wurden.

DAS SIEBTE GEBOT

Du sollst nicht stehlen

Ein Dieb ist nicht nur, wer Truhen und Taschen ausraubt, sondern wer seinen Mitmenschen übervorteilt

Nach deiner Person und deinem Ehegemahl ist das zeitliche Gut das nächste; auch das will Gott verwahren, und so hat er geboten, daß niemand dem Nächsten das Seine entziehe oder verkürze. Denn Stehlen heißt nichts anderes als eines andern Gut mit Unrecht an sich bringen. Darunter ist, kurz gesagt, verstanden jeder Vorteil, [den man sich] bei allen möglichen Handelsgeschäften zum Nachteil des Nächsten [verschafft]. Das ist nun ein sehr weitverbreitetes, allgemeines Laster, das aber so wenig beachtet und wahrgenommen wird, so sehr geht es über alles Maß hinaus. Es ist so: müßte man sie alle an den Galgen hängen, die Diebe sind, ohne daß sie doch so heißen wollen, so würde die Welt bald menschenleer werden und es sowohl an Henkern als an Galgen fehlen. Denn es soll, wie soeben gesagt, nicht bloß das gestohlen heißen, wenn man Kasten und Truhen ausräumt, sondern es soll sich erweitern auf den Markt, auf alle Kramläden, Fleischerbuden, Wein- und Bierkeller, Werkstätten, kurz [auf alle Orte], wo man Geschäfte macht und Geld um Ware oder Arbeit nimmt und gibt.

So ist ein Angestellter, der nicht gewissenhaft arbeitet, sondern nachlässig und faul ist, ein Dieb

Zum Beispiel, um es für das einfache Volk ein wenig handgreiflich zu erklären, damit man doch sehe, wie fromm wir sind: Angenommen, ein Knecht oder eine Magd dient im Hause nicht treu und richtet Schaden an oder läßt ihn geschehen, obwohl sie ihn verhindern könnte; oder sie verwahrlost und vernachlässigt sonst ihr Gut aus Faulheit, Unfleiß oder Bosheit dem Herrn oder der Frau zum Trotz und Verdruß, und aus welchen Gründen das sonst noch mutwillig geschehen kann, denn ich rede nicht von dem, was versehentlich und unabsichtlich getan worden ist. Da kannst du in einem Jahr dreißig oder vierzig Gulden und mehr entwenden. Wenn ein anderer das heimlich genommen oder weggetragen hätte, so müßte er am Strick erstikken; aber hier darfst du noch trotzen und pochen und niemand darf dich einen Dieb heißen.

Ebenso ist ein Handwerker, Arbeiter oder Tagelöhner ein Dieb, wenn er unzuverlässig in seiner Arbeit ist und andere betrügt

Das gleiche sage ich auch von Handwerksleuten, Arbeitern, Taglöhnern, wenn sie mutwillig handeln und nicht wissen, wie sie die Leute übervorteilen sollen, und dabei doch lässig und untreu in der Arbeit sind. Diese alle sind weit schlimmer als die heimlichen Diebe. Gegen solche kann man Schloß und Riegel anbringen, oder wenn man sie erwischt, spielt man ihnen so mit, daß sie es nicht mehr tun. Vor diesen aber kann sich niemand hüten, es darf sie auch niemand unfreundlich ansehen oder irgend eines Diebstahls bezichtigen. Zehnmal lieber sollte man etwas aus dem Beutel verlieren; denn hier handelt es sich um meine Nachbarn, um gute Freunde, um mein eigenes Gesinde, denen ich Gutes zutraue, während sie mich am allermeisten betrügen.

Schlimmer als die heimlichen Diebe sind die öffentlichen Diebe, die unter dem Schein des Rechts stehlen: Geschäftsleute, die Wucher treiben, andere überlisten und ausbeuten, ebenso Landräuber

So ist es ferner auch auf dem Markt und bei den gewöhnlichen Handelsgeschäften mit aller Macht und Gewalt in Übung: Da betrügt einer den andern öffentlich mit falscher Ware, falschem Maß, falschem Gewicht, falscher Münze, und übervorteilt ihn mit List und seltsamen Finanztricks oder mit tückischen Geschäftskniffen; ebenso übernimmt er ihn mit dem Kaufpreis und beschwert, schindet und plagt ihn mutwillig. Und wer kann das alles aufzählen oder ausdenken? Kurzum, es ist das verbreitetste Handwerk und die größte Zunft auf Erden, und wenn man die derzeitige Welt in allen ihren Ständen ansieht, so ist sie nichts anderes als ein großer, weiter Stall voll großer Diebe. Drum heißen sie auch Stuhlräuber, Land- und Straßendiebe. Es sind nicht Kastenräuber und Meucheldiebe (heimliche Diebe), die aus der Barschaft stehlen, sondern solche, die auf ihrem Stuhle sitzen und große Junker und ehrsame, rechtschaffene Bürger heißen und dabei unter dem Schein des Rechtes rauben und stehlen.

Während man die kleinen, heimlichen Diebe bestraft, gehen die großen, öffentlichen Diebe frei aus

Ja, man könnte hier noch schweigen von kleinen, vereinzelten Dieben, wenn man die großen, gewaltigen Erzdiebe angreifen sollte, mit denen die Herren und Fürsten gemeinsame Sache machen, [und] die nicht [bloß] eine Stadt oder zwei, sondern ganz Deutschland täglich ausstehlen. Ja, wo bliebe das Haupt und der oberste Schutzherr aller Diebe, der Heilige Stuhl zu Rom mit all seinem Zubehör, der die Güter der ganzen Welt durch Dieberei an sich gebracht und bis auf diesen Tag inne hat? Kurz, so geht's zu in der Welt: Wer öffentlich stehlen und rauben kann, geht sicher und frei dahin, von jedermann ungetadelt, und will dazu noch geehrt sein. Währenddessen müssen die kleinen, heimlichen Diebe, die sich einmal [an fremdem Eigentum] vergriffen haben, die Schande und Strafe tragen, und so jene als fromm und ehrbar erscheinen lassen. Doch sollen jene wissen, daß sie vor Gott die größten Diebe sind; er wird sie auch strafen, wie sie es wert sind und verdienen.

Die positive Forderung dieses Gebotes: das Hab und Gut des Nächsten zu beschützen und zu fördern

Weil nun dieses Gebot sich so weit erstreckt, wie soeben gezeigt wurde, ist's notwendig, es dem Volk nachdrücklich vorzuhalten und ausführlich zu erklären; man darf es nicht so freizügig und sicher hingehen lassen, sondern muß ihm immer Gottes Zorn vor Augen stellen und einbleuen. Wir müssen ja das nicht Christen, sondern allermeist Spitzbuben und Bösewichtern predigen, denen wohl mit Recht der Richter, der Stockmeister oder der Meister Hans predigen sollte. Drum soll es jeder wissen, daß er es bei Gottes Ungnade schuldig ist, nicht allein seinem Nächsten keinen Schaden zuzufügen noch ihm seinen Vorteil zu entwenden noch beim Kauf oder irgend einem Handelsgeschäft irgendwelche Untreue oder Heimtücke an ihm zu verüben, sondern er soll auch sein Gut treulich bewahren, seinen Nutzen bewirken und fördern, besonders, wenn er Geld, Lohn und Nahrung dafür nimmt.

Der Dieb wird vielleicht dem Henker entgehen, aber nicht Gott, der ihm zur gegebenen Zeit mit gleicher Münze heimzahlen wird und einem Angestellten seine Untreue in seinem eigenen Haus büßen läßt

Wer nun dies mutwillig verachtet, kann wohl seines Weges gehen und dem Henker entlaufen, wird aber Gottes Zorn und Strafe nicht entgehen; und wenn er es in seinem Trotz und Stolz auch noch lange treiben mag – er wird doch ein Landstreicher und Bettler bleiben und alle Plage und alles Unglück dazu haben. Jetzt gehst du hin, und wo du deines Herrn oder deiner Frau Gut bewahren solltest, da füllst du dir statt dessen deinen Kropf und Bauch, nimmst deinen Lohn wie ein Dieb, lässest dich dazu feiern wie ein Junker. So gibt es viele, die ihren Herren und Frauen obendrein noch trotzen und ihnen ungern die Liebe und den Dienst erweisen, einen Schaden abzuwehren. Sieh aber zu, was du daran gewinnst: Wenn du selber ein Eigentum bekommst und in einem Hause sitzest, – und Gott wird dir zu deinem eigenen Unglück dazu helfen –, soll sich's wieder wenden und [das Böse] heimkommen: wo du für *einen* Heller Abbruch oder Schaden getan hast, sollst du es dreißigfältig heimzahlen müssen.

Auch unredliche Handwerker und Tagelöhner entgehen nicht der göttlichen Strafe

Ebenso soll es den Handwerksleuten und Taglöhnern gehen, von welchen man zur Zeit unerträglichen Mutwillen hören und ertragen muß, als wären sie Junker über fremdes Gut, und als müsse ihnen jedermann ohne weiteres geben, soviel sie verlangen. Solche Leute lasse nur getrost [Geld] herausschinden, so lange sie können; aber Gott wird sein Gebot nicht vergessen und ihnen auch, entsprechend wie sie verdient haben, lohnen. Er wird sie nicht an einen grünen, sondern an einen dürren Galgen hängen; sie sollen ihr Leben lang nicht gedeihen und nichts vor sich bringen. Und wahrlich, wenn ein rechtes, ordentliches Regiment im Lande wäre, könnte man einen solchen Mutwillen bald steuern und wehren, wie es einst bei den Römern gewesen ist, wo man einen solchen flugs beim Schopf nahm, daß sich andere eine Warnung daraus nehmen sollten.

Geschäftsleute, die aus dem freien Markt eine Räuberhöhle machen, werden ihres Gutes nicht froh werden

Ebenso soll es allen andern ergehen, die aus dem öffentlichen freien Markt nichts andres als einen Schindanger und ein Räuberhaus machen, wo man täglich die Armen übervorteilt und neue Beschwerung und Teuerung hervorruft. Jeder mißbraucht den Markt nach seinem Mutwillen und ist dazu [auch noch] trotzig und stolz, als hätte er die Befugnis und das gute Recht dazu, das Seine so teuer herzugeben als es ihn gelüstet, und als dürfe ihm niemand dreinreden. Denen wollen wir zwar zusehen, sie schinden, zwacken und geizen lassen, aber Gott vertrauen, der doch ohnehin das Seine dazu tun wird. Wenn du [nämlich] lange genug [Geld] geschunden und zusammengescharrt hast, wird er einen Segen darüber sprechen, daß dir dein Korn auf dem Boden, dein Bier im Keller, dein Vieh im Stalle verderbe. Ja, wenn du jemand um einen Gulden täuschst und übervorteilst, soll dir's den ganzen Haufen wegrosten und wegfressen, daß du seiner nimmermehr froh werdest.

Unrecht Gut gedeiht nicht. Gott straft einen Dieb mit dem anderen

Das sehen und erfahren wir wahrlich täglich vor unseren Augen, wie es sich erfüllt, daß kein gestohlenes und mit falschen Mitteln gewonnenes Gut gedeiht. Wie viele gibt's, die Tag und Nacht scharren und kratzen und doch keinen Heller reicher werden! Selbst wenn sie viel sammeln, müssen sie doch [soviel] Plage und Unglück haben, daß sie es nicht mit Freuden genießen noch auf ihre Kinder vererben können. Aber weil sich niemand dran kehrt und wir unsres Weges gehen, als ginge es uns nichts an, muß Gott uns anders heimsuchen und Mores lehren, indem er eine Heimsuchung nach der andern über uns schickt oder einen Haufen Landsknechte bei uns zu Gaste lädt. Die räumen uns dann in einer Stunde Kasten und Beutel aus und hören nicht auf, solange wir noch einen Heller besitzen; dazu verbrennen und verheeren sie als Dank dafür Haus und Hof, schänden Weib und Kinder und bringen sie um. Und, zusammenfassend gesagt, stiehlst du viel, so mache dich fest darauf gefaßt, daß dir noch einmal soviel gestohlen wird; und wer mit Gewalt und Unrecht raubt und gewinnt, muß einen andern erleiden, der ihm auch ebenso mitspielt. Denn diese Kunst versteht Gott meisterhaft, daß er einen Dieb mit dem andern straft, weil jedermann den andern beraubt und bestiehlt. Wo wollte man sonst genug Galgen und Stricke hernehmen?

Gott ist ein Anwalt der Armen. Sein Gericht wird besonders hart über die ergehen, die sich an den Armen vergreifen

Wer sich's nun sagen lassen will, der wisse, daß es Gottes Gebot ist, und nicht für einen Scherz gehalten sein will. Denn wenn du uns verachtest, betrügst, bestiehlst und beraubst, wollen wir uns zwar noch dreinfinden und deinen Hochmut ausstehen, erleiden und gemäß dem Vaterunser vergeben und barmherzig sein; denn die Frommen müssen doch genug haben und du tust dir selbst mehr Schaden als einem andern. Aber davor hüte dich: Wenn die liebe Armut kommt, und solche gibt es jetzt viel, die von ihrem täglichen Pfennig einkaufen und leben müssen, und du fährst zu, als müßte jedermann von deiner Gnade leben, und schindest und schabst sie bis auf die Knochen, weisest dazu mit Stolz und Übermut den ab, dem du geben und schenken solltest, dann geht sie dahin, elend und betrübt, und weil sie es niemand klagen kann, schreit und ruft sie zum Himmel. Davor hüte dich, sage ich noch einmal, wie vor dem Teufel selber. Denn ein solches Seufzen und Rufen läßt nicht mit sich scherzen, sondern wird eine Wirkung haben, die dir und aller Welt zu schwer werden wird. Denn es wird bis zu dem dringen, der sich der armen, betrübten Herzen annimmt und sie nicht ungerächt lassen will. Verachtest du das aber und trotzest, so siehe zu, wen du gegen dich aufgebracht hast; wird dir's gelingen und wohlgehen, so sollst du Gott und mich vor aller Welt Lügner schelten.

Der Staat muß ordnend in das Wirtschaftsleben eingreifen, um den Armen zu helfen

Wir haben genug ermahnt, gewarnt und gewehrt; wer es nicht beachten und nicht glauben will, den lassen wir gehen, bis er's erfahre. Doch muß man dem jungen Volk das einprägen, daß sie sich in Hut nehmen und nicht dem zügellosen Haufen der Alten nachfolgen, sondern sich Gottes Gebot vor Augen halten, damit nicht Gottes Zorn und Strafe auch über sie ergehe. Uns gebührt nichts weiter als zu reden und zu strafen mit Gottes Wort; um aber diesen öffentlichen Mutwillen zu steuern, dazu gehören Fürsten und die Obrigkeit, die selbst Augen dafür und den Mut dazu hätten, bei all den Handelsgeschäften und Käufen Ordnung herzustellen und aufrechtzuerhalten, damit die Armut nicht beschwert und unterdrückt werde und sie selber sich nicht mit fremden Sünden zu beladen brauchten.

Der zusammenfassende Sinn dieses Gebotes, das uns vor allem auf die Armen verweist

Damit sei genug von dem gesagt, was stehlen heißt. Man darf also [den Begriff] nicht so eng fassen, sondern muß ihn so weit ausdehnen, als wir es mit dem Nächsten zu tun haben. Und, um es wie bei den vorigen [Geboten] kurz zusammenzufassen, so ist dadurch erstens verboten: wir sollen dem Nächsten keinen Schaden und Unrecht tun, einerlei, welche Art und Weise man sich dabei auch ausdenken mag, um ihm Hab und Gut zu verkürzen, zu schädigen und vorzuenthalten; auch sollen wir in solches [Unrecht] nicht einwilligen noch es gestatten, sondern ihm wehren und zuvorkommen. Andrerseits ist [etwas] geboten: wir sollen dem Nächsten sein Gut fördern und bessern, und falls er Not leidet, ihm helfen, ihm mitteilen, ihm etwas vorstrecken und das bei Freunden wie auch bei Feinden. Wer nun gute Werke sucht und begehrt, wird hier übergenug finden, die Gott von Herzen angenehm und wohlgefällig sind. Dazu sind sie mit vortrefflichem Segen begnadet und überschüttet: es soll reichlich vergolten werden, was wir unsrem Nächsten zum Nutzen und aus Freundschaft tun. So lehrt auch der König Salomo: »Wer sich des Armen erbarmt, der leiht dem Herrn; der wird ihm seinen Lohn wiedervergelten.« Da hast du einen reichen Herrn, der dir gewiß genug ist und dir nichts gebrechen und mangeln lassen wird; so kannst du mit fröhlichem Gewissen in den Genuß von hundertmal mehr kommen als du mit Untreue und Unrecht zusammenscharrst. Wer nun vom Segen nichts mag, der wird Zorn und Unglück genug finden.

DAS ACHTE GEBOT

Du sollst nicht falsch Zeugnis reden wider Deinen Nächsten

Es geht in diesem Gebot um die Ehre und den guten Ruf

Außer unserem eigenen Leib, unserem Ehegemahl und unserem zeitlichen Gut haben wir noch einen Schatz, den wir auch nicht entbehren können, nämlich Ehre und guten Ruf. Denn es kommt darauf an, nicht unter den Leuten in öffentlicher Schande, von jedermann verachtet, zu leben.

Das Gebot bezieht sich ursprünglich auf das Gerichtswesen, wie sein Wortlaut erweist

Darum will Gott des Nächsten Leumund, guten Ruf und Gerechtigkeit so wenig wie Geld und Gut genommen oder verkürzt haben, damit jeder vor seinem Weib und Kind, vor Gesinde und Nachbarn in Ehren dastehe. Und [zwar] ist das nächstliegende Verständnis dieses Gebots gemäß seinem Wortlaut: »Du sollst nicht falsch Zeugnis reden« zuerst auf das öffentliche Gericht bezogen, wo man einen armen, unschuldigen Mann verklagt und durch falsche Zeugen unterdrückt, damit er an Leib, Gut oder Ehre gestraft werde. Das scheint uns nun jetzt wenig anzugehen; aber bei den Juden kam es außerordentlich häufig vor. Denn dieses Volk hatte nach seiner Verfassung ein feines, geordnetes Regiment; und, wo sonst noch ein solch Regiment ist, da geht es ohne diese Sünde nicht ab. Die Ursache ist diese: Wo nämlich ein Richter, Bürgermeister, Fürst oder eine andere Obrigkeit [zu Gericht] sitzt, da bleibt es niemals aus; es geht nach der Welt Lauf, daß man niemanden gerne beleidigen will, und so heuchelt man und redet nach Gunst, Geld, Hoffnung oder Freundschaft; währenddessen muß ein armer Mann mit seiner Sache sich unterdrücken lassen, unrecht haben und Strafe erleiden.

Ohne Rücksicht auf Geld, Einfluß, Ansehen und Macht soll im Gericht das Recht gewahrt und wahrheitsgemäß verfahren werden

Es ist eine allgemeine Plage in der Welt, daß im Gericht selten fromme Leute sitzen. Denn es gehört vor allen Dingen ein frommer Mann zum Richter, und nicht bloß ein frommer, sondern auch ein weiser, gescheiter, ja auch ein kühner und kecker Mann. Ebenso gehört auch ein kecker, und vor allen Dingen ein frommer Mann zum Zeugen. Denn wer alle Sachen recht richten und mit dem Urteil durchgreifen soll, wird oftmals gute Freunde, Schwäger, Nachbarn, Reiche und Gewalthaber erzürnen, die ihm in vielem dienlich sein oder schaden können. Darum muß er ganz blind sein, Augen und Ohren zutun, auf nichts sehen noch hören, als stracks vor sich hin auf die Sache selbst, die ansteht, und dementsprechend muß er seinen Entschluß fassen.

Darauf ist nun erstens dieses Gebot zu beziehen, daß ein jeder seinem Nächsten zu seinem Rechte helfen und es nicht hindern oder beugen lassen, sondern es fördern und stracks darüber wachen soll, mag er Richter oder Zeuge sein und mag es betreffen, was es will. Und besonders ist hiermit unseren Herrn Juristen ein Ziel gesteckt: sie sollen sich vorsehen und recht und aufrichtig mit den [Streit-]Sachen umgehen. Was Recht ist, sollen sie Recht bleiben lassen und andererseits nichts verdrehen oder bemänteln oder verschweigen, ohne Rücksicht zu nehmen auf Geld, Gut, Ehre oder Herrschaftsgewalt. Das ist ein Punkt dieses Gebotes und sein nächstliegendes Verständnis; [demnach bezieht es sich auf] alles, was vor Gericht vorkommt.

Dieses Gebot trifft außerdem auf die geistlichen und kirchlichen Gerichte zu, die häufig die Wahrheit des Evangeliums unterdrükken

Sodann erstreckt sich [das achte Gebot] sehr viel weiter, wenn man es [zweitens] aufs geistliche Gericht oder Regiment bezieht. Da geht es so zu, daß jeder wider seinen Nächsten falsch zeugt. Denn wo fromme Prediger und Christen sind, da werden sie von der Welt so beurteilt, daß man sie Ketzer, Abtrünnige, ja aufrührerische und heillose Bösewichte heißt. Dazu muß sich Gottes Wort aufs schändlichste und giftigste verfolgen, lästern, Lügen strafen, verkehren und fälschlich anführen und deuten lassen. Aber das nehme seinen Gang! Es ist ja der blinden Welt Art, daß sie die Wahrheit und Gottes Kinder verdammt und verfolgt, und es doch nicht für eine Sünde hält.

Dieses Gebot richtet sich darüber hinaus generell gegen jede Zungensünde, vor allem gegen die üble Nachrede

Drittens ist – was uns alle zugleich betrifft – in diesem Gebot jede Zungensünde verboten, wodurch man dem Nächsten Schaden antut oder zu nahe tritt. Falsch Zeugnis reden ist ja nichts andres als ein Werk des Mundes: alles nun, was man mit dem Mundwerk gegen den Nächsten tut, das will Gott gewehrt haben, ob es nun falsche Prediger mit ihrer Lehre und ihren Lästerungen sind, oder falsche Richter und Zeugen mit ihrem richterlichen Urteil oder sonst, außerhalb des Gerichts [alles] Lügen und Übelreden. Hierher gehört besonders das leidige, schändliche Laster der falschen Nachrede oder Verleumdung, womit uns der Teufel reitet; davon wäre viel zu sagen. Denn es ist eine allgemein verbreitete, schädliche Plage, daß jedermann lieber Böses als Gutes von seinem Nächsten sagen hört. Obwohl wir selber so böse sind, daß wir es nicht ertragen können, wenn uns jemand ein böses Stück nachsagt, sondern jeder gerne will, daß alle Welt nur das Beste von ihm redet, können wir trotzdem nicht hören, wenn man von andern das Beste sagt.

Auch wenn ich von der Sünde eines anderen weiß, darf ich sie nicht weitererzählen und nicht über sie richten

Um eine solche Untugend zu vermeiden, sollen wir uns deshalb merken: niemand ist dazu befugt, über seinen Nächsten öffentlich zu urteilen und ihn zu strafen, auch wenn er ihn sündigen sieht, außer er hätte den Auftrag, zu richten und zu strafen. Denn es ist ein ganz großer Unterschied zwischen den zweien: dem Richten einer Sünde und dem Wissen einer Sünde. Wissen kannst du sie wohl, aber richten sollst du sie nicht. Sehen und hören kann ich wohl, daß mein Nächster sündigt, aber es andern gegenüber weiterzusagen, dazu habe ich keinen Auftrag. Wenn ich nun zufahre, richte und urteile, so gerate ich in eine Sünde, die größer ist als jene. Weißt du es aber, so tu nichts anderes, als daß du aus deinen Ohren ein Grab machst und es zuscharrst, bis du den Auftrag bekommst, Richter zu sein und von Amts wegen zu strafen.

Durch sein Richten greift der üble Nachredner dem Gerichtsurteil Gottes vor und er maßt sich eine Funktion an, die Gott dem Staat übertragen hat

Nachredner heißt man nun solche, die es nicht beim Wissen [einer Sünde] bewenden lassen, sondern weiter gehen und dem Gericht vorgreifen. Wenn sie ein Stücklein von einem andern wissen, so tragen sie es in alle Winkel, kitzeln und krauen sich vor Behagen, daß sie den Unrat eines andern aufrühren können wie die Säue, die sich im Kote wälzen und mit dem Rüssel darin wühlen. Das ist nichts anderes als Gott in sein Gericht und Amt fallen, urteilen und mit dem schärfsten Urteil strafen. Denn kein Richter kann strenger strafen oder weiter gehen, als indem er sagt: Der da ist ein Dieb, Mörder, Verräter usw. Wer sich deshalb untersteht, etwas Derartiges von seinem Nächsten zu sagen, der greift ebensoweit wie der Kaiser und alle Obrigkeit. Denn wenn du auch nicht das Schwert führst, so gebrauchst du doch deine giftige Zunge dem Nächsten zu Schande und Schaden.

Wir sind verpflichtet, über die Sünden anderer zu schweigen, – zumal, wenn wir sie nicht beweisen können

Darum will Gott dem gewehrt haben: Niemand soll dem andern Übles nachreden, selbst wenn jener wirklich schuldig ist und dieser es genau weiß; noch viel weniger, wenn er es nicht weiß und es bloß vom Hörensagen vernommen hat. Aber vielleicht wendest du ein: »Soll ich's denn nicht sagen, wenn es die Wahrheit ist?« Antwort: »Warum trägst du es nicht vor den ordentlichen Richter?« »Ja, ich kann's nicht öffentlich bezeugen; man könnte mir sonst vielleicht übers Maul fahren und mich übel abweisen.« Ei, Lieber, riechst du den Braten? Getraust du dich nicht, vor [dazu] verordneten [Amts]personen zu stehen und dich zu verantworten, dann halte das Maul. Weißt du es aber, so wisse es für dich, nicht für einen andern. Denn wenn du es weiter sagst, auch wenn es wahr ist, stehst du doch als ein Lügner dar, weil du es nicht als wahr beweisen kannst; und dazu machst du es wie ein Bösewicht. Denn man soll niemandem seine Ehre und seinen guten Ruf nehmen, solange sie ihm nicht öffentlich genommen sind.

Somit heißt nun »falsches Zeugnis« alles, was man nicht beweisen kann, wie sich's gehört. Was darum nicht durch genügende Beweisführung offenbar ist, soll niemand offenbar machen und als Wahrheit ausgeben. Und zusammenfassend gesagt, was heimlich ist, soll man heimlich bleiben lassen oder wenigstens heimlich strafen, wie wir [noch] hören werden. Wenn dir darum ein unnützes Maul vorkommt, das einen andern austrägt und verleumdet, so sage es ihm frisch ins Gesicht, daß er schamrot werde; so wird mancher das Maul halten, der sonst einen armen Menschen ins Gerede bringt, aus dem er schwerlich wieder herauskommen kann. Denn Ehre und guter Name ist bald genommen, aber nicht bald wiedergegeben.

Von dem Verbot, über den Nächsten Böses zu reden, sind außer dem Staat der Prediger, Vater und Mutter u.a. ausgenommen, die das Böse nicht ungestraft lassen dürfen

So siehst du, daß rundweg verboten ist, von dem Nächsten etwas Böses zu reden. Davon ausgenommen sind jedoch weltliche Obrigkeit, Prediger, Vater und Mutter, da dieses Gebot [ja auch] so zu verstehen ist, daß das Böse doch nicht ungestraft bleiben dürfe. Da ist es nun wie beim fünften Gebot, nach dessen Wortlaut man niemandem am Leibe Schaden tun soll mit Ausnahme des Meister Hans, der von Amts wegen dem Nächsten nichts Gutes, sondern nur Schaden und Böses antut, ohne damit wider Gottes Gebot zu sündigen. Denn Gott hat dieses Amt um seinetwillen eingesetzt, da er sich ja, wie er im ersten Gebot droht, die Strafe nach seinem Belieben vorbehalten hat. Ebenso auch hier [beim achten Gebot]. Für seine eigene Person soll keiner jemanden richten oder verdammen; wenn jedoch diejenigen es nicht tun, denen es befohlen ist, so sündigen sie ebensosehr als einer, der es von sich selber aus täte, ohne den amtlichen Auftrag dazu zu haben. Denn hier erfordert es die Notwendigkeit, von dem Übelstand zu reden, Klage zu erheben, Aussagen zu machen, zu verhören und zu zeugen. Und zwar geht es hier nicht anders zu als bei einem Arzt, der zuweilen denjenigen, den er heilen soll, an verborgenen Stellen ansehen und betasten muß, [die man sonst nicht zeigt]. Ebenso sind Obrigkeit, Vater und Mutter, ja sogar Brüder und Schwestern und sonstige gute Freunde untereinander verpflichtet, das Böse zu strafen, wo es nötig und nützlich ist.

Die Regel Christi ist entscheidend. Wenn dein Nächster Böses tut, rede mit ihm, nicht über ihn

Das aber wäre die rechte Weise, wenn man sich an die Ordnung des Evangeliums hielte Matth 19, wo Christus spricht: »Sündigt dein Bruder an dir, so gehe hin und weise ihn zurecht zwischen dir und ihm allein.« Da hast du eine köstliche, feine Belehrung, wie man die Zunge recht regiert, die zu merken ist gegen den leidigen Mißbrauch. Darnach richte dich nun, daß du den Nächsten nicht so schnell anderswo ins Gerede bringst und ihm nachredest, sondern ihn im geheimen vermahnst, daß er sich bessere. In gleicher Weise [mache es] auch, wenn dir ein anderer etwas zu Ohren trägt, was der oder jener getan hat: belehre ihn auch so, daß er hingehe und den Betreffenden selber zurechtweise, falls er es gesehen hat; andernfalls soll er das Maul halten.

Das kannst du auch aus dem täglichen Hausregiment lernen. Denn so macht es der Herr im Haus: wenn er sieht, daß der Knecht nicht tut, was er soll, so redet er ihn selbst daraufhin an. Wenn er aber so toll wäre und ließe den Knecht daheim sitzen und ginge hinaus auf die Gassen, um es den Nachbarn zu klagen, so würde er gewiß hören müssen: »Du

Narr, was geht das uns an? Warum sagst du es nicht ihm selber?« Sieh, das wäre nun recht brüderlich gehandelt; so würde dem Übel gesteuert und dein Nächster bliebe bei Ehren. So sagt auch Christus an der genannten Stelle: »Hört er dich, so hast du deinen Bruder gewonnen.« Damit hast du ein großes, vortreffliches Werk getan. Denn meinst du, daß es ein gering Ding sei, einen Bruder zu gewinnen? Laß alle Mönche und heiligen Orden mit allen ihren Werken auf einen Haufen zusammenschmelzen und mit ihnen vortreten, ob sie den Ruhm aufbringen können, daß sie einen Bruder gewonnen haben?!

Wenn dieses Mittel nicht zum Ziel führt, gilt die Regel Christi, andere in das Gespräch einzuschalten bzw. alles vor die Gemeinde zu bringen

Weiter lehrt Christus: »Will er dich aber nicht hören, so nimm noch einen oder zwei zu dir, damit alle Sache stehe auf zweier oder dreier Zeugen Munde.« Man soll also immer mit dem selber verhandeln, den es angeht, und nicht ohne sein Wissen ihm etwas nachreden. Will aber das nicht helfen, dann trage es öffentlich der Gemeinde vor, sei es vor einem weltlichen oder geistlichen Gericht. Denn hier stehst du nicht allein, sondern hast jene Zeugen neben dir, durch welche du den Schuldigen überführen kannst; darauf kann der Richter sich gründen, urteilen und strafen. So kann es in geordneter und rechter Weise dahin kommen, daß man den Bösen wehrt oder sie bessert. Sonst, wenn man einen andern mit dem Maul durch alle Winkel herumträgt und den Unflat aufrührt, wird niemand gebessert, und nachher, wenn man dafür einstehen und zeugen soll, will man es nicht gesagt haben. Darum würde es solchen Mäulern recht geschehen, wenn man ihnen ihren Kitzel tüchtig austriebe, damit andere sich dadurch warnen ließen. Wenn du es zur Besserung deines Nächsten oder aus Liebe zur Wahrheit tätest, würdest du nicht heimlich daherschleichen und den Tag und das Licht scheuen.

Über eine öffentliche Sünde kann man öffentlich reden

Das alles ist nun von geheimen Sünden gesagt. Wenn aber die Sünde ganz öffentlich ist, daß es der Richter und jedermann wohl weiß, so kannst du [den Betreffenden] ohne alle Sünde meiden und fahren lassen als einen, der sich selbst zu Schaden gemacht hat; außerdem kannst du auch öffentlich über ihn zeugen. Denn bei dem, was offen am Tage liegt, kann es sich um kein übles Nachreden und um kein falsches Richten oder Zeugen handeln; so z.B. wenn wir jetzt den Papst mit seiner Lehre zurechtweisen, die ja öffentlich in Büchern an den Tag gegeben und in aller Welt ausgeschrieen worden ist. Denn wenn die Sünde öffentlich ist, soll auch verdientermaßen eine öffentliche Strafe darauf folgen, daß sich jedermann davor zu hüten wisse.

Wichtig ist vor allem: Sage über deinen Nächsten Gutes, nicht Böses. Rede vom anderen, wie du willst, daß er von dir rede (Goldene Regel)

So haben wir nun [folgenden] zusammenfassenden Sinn und allgemeines Verständnis dieses Gebots: Niemand soll seinem Nächsten, er sei Freund oder Feind, mit der Zunge schaden noch etwas Böses von ihm reden, gleichviel, ob es wahr oder erlogen ist, sofern es nicht einem [amtlichen] Auftrag gemäß oder zur Besserung geschieht. Sondern man soll seine Zunge dazu gebrauchen und dienen lassen, von jedermann das Beste zu reden, seine Sünde und Gebrechen zudekken, entschuldigen und mit seiner Ehre beschönen und schmücken. Ursache davon soll vor allem das sein, was Christus im Evangelium anführt und womit er alle Gebote gegen den Nächsten zusammengefaßt haben will. »Alles, was ihr wollt, daß euch die Leute tun sollen, das tut ihr ihnen auch.«

Als Glieder am selben Leib sollten wir alles, was wir voneinander hören, zum Besten kehren

Auch die Natur lehrt uns das an unserem eigenen Leibe, wie der hl. Paulus 1. Kor 12 sagt: »Die Glieder des Leibes, die uns die schwächsten zu sein scheinen, sind die nötigsten, und die uns am wenigsten ehrbar zu sein scheinen, denen tun wir am meisten Ehre an, und die uns übel anstehen, die schmückt man am meisten.« Das Gesicht, Augen, Nase und Mund deckt niemand zu, denn sie bedürfen dessen nicht, da sie an und für sich [schon] die ehrbarsten Glieder sind, die wir haben. Aber die allergebrechlichsten, deren wir uns schämen, die bedeckt man mit allem Fleiß; da müssen Hände, Augen samt dem ganzen Leibe zudecken und verhüllen helfen. Ebenso sollen auch wir alle untereinander das, was an unserem Nächsten nicht ehrbar und gebrechlich ist, schmücken und mit allem, was wir können, zu seiner Ehre dienen, helfen und förderlich sein, und umgekehrt abwehren, was ihm zur Unehre gereichen kann. Und im besonderen ist es eine feine, edle Tugend, wenn einer alles, was er von einem Nächsten reden hört, sofern es nicht öffentliches Böses ist, gut auslegen und zum besten deuten oder wenigstens es ihm zuguthalten kann, im Gegensatz zu den giftigen Mäulern, die mit Fleiß suchen, wo sie am Nächsten etwas Tadelnswertes aufspüren und erhaschen können, und es dann aufs ärgste auslegen und verkehren, wie es jetzt vor allem dem lieben Gotteswort und seinen Predigern geschieht.

»Die Zunge ist ein kleines Glied und sie richtet große Dinge an«

Darum sind in diesem Gebot gar mächtig viel gute Werke zusammengefaßt, die Gott höchlich wohlgefallen und die überfließendes Gut und Segen mit sich bringen, wenn nur die blinde Welt und die falschen Heiligen sie erkennen wollten. Denn es gibt nichts an und im ganzen Menschen, was in geistlichen und weltlichen Sachen mehr und weiter Gutes schaffen oder Schaden tun kann, als die Zunge, die doch das kleinste und schwächste Glied ist.

DAS NEUNTE UND ZEHNTE GEBOT

Du sollst nicht begehren Deines Nächsten Haus. Du sollst nicht begehren sein Weib, Knecht, Magd, Vieh oder was sein ist

Anlaß zu diesen Geboten war der Mißbrauch der Leibeigenschaft und des Ehescheidungsrechtes der Juden

Diese zwei Gebote sind eigentlich ausschließlich den Juden gegeben, obwohl sie doch auch teilweise uns betreffen. [Die Juden] deuten sie nämlich nicht auf die Unkeuschheit und den Diebstahl, weil in Beziehung darauf oben [in den anderen Geboten] genug verboten wurde; sie waren auch der Meinung, sie hätten jene [Gebote] alle gehalten, wenn sie äußerlich deren Werke getan bzw. nicht getan hätten. Darum hat Gott diese zwei Gebote noch hinzugesetzt, daß man auch [das schon] für eine Sünde und verboten halte, des Nächsten Weib oder Gut zu begehren und irgendwie darnach zu trachten. Und dies vor allem darum: im jüdischen Gemeinwesen waren Knechte und Mägde nicht wie heutzutage frei, daß sie um Lohn dienen konnten, solange sie selber wollten, sondern sie waren Eigentum ihres Herrn samt ihrem Leib und ihrer Habe, geradeso wie das Vieh und anderes Gut. Ferner hatte auch jeder über sein Weib die Vollmacht, sie durch einen Scheidebrief öffentlich zu entlassen und eine andere zu nehmen. Da mußten sie nun untereinander darauf gefaßt sein, daß jemand, der gerne eines andern Weib gehabt hätte, irgend eine Ursache sich verschaffte, um sowohl sein [eigenes] Weib von sich zu tun als auch dem andern das seine zu entfremden, um es dann mit Fug und Recht an sich zu bringen. Das war nämlich bei ihnen keine Sünde und Schande, so wenig als es das in unserer Zeit beim Gesinde ist, wenn ein Hausherr seinen Knecht oder seine Magd entläßt und sie sonst einer dem andern abspenstig macht.

Diese Gebote verbieten, daß wir dem Nächsten auf rechtmäßige Weise seine Habe ablocken und ablisten – ganz im Unterschied zum siebten Gebot, das die unrechtmäßige Aneignung fremden Guts untersagt

Darum nun, sage ich, haben sie diese Gebote folgendermaßen gedeutet, wie es auch recht ist, obwohl [ihr Sinn] auch noch etwas weiter und höher geht: niemand solle dran denken und sich vornehmen, das an sich zu bringen, was dem andern gehört, wie z.B. Weib, Gesinde, Haus und Hof, Äcker, Wiesen, Vieh, auch wenn es unter einem guten Schein und einem guten Vorwand, jedoch zum Schaden des Nächsten [geschehe]. Oben im siebten Gebot ist ja das Unrecht verboten, daß man fremdes Gut an sich reißt oder dem Nächsten etwas vorenthält, worauf man kein Recht geltend machen kann. Hier aber ist auch verwehrt, dem Nächsten etwas abzulocken, selbst wenn man vor der Welt mit Ehren dazu kommen kann, so daß niemand dich zu beschuldigen oder zu tadeln wagt, als habest du's mit Unrecht erworben. Denn so, wie die Natur geartet ist, gönnt niemand dem andern soviel als sich selber, und jeder bringt an sich, so viel er immer kann; ein anderer soll bleiben, wo er mag. Und dabei wollen wir dann noch fromm sein, können uns aufs feinste schmücken und unseren Bösewicht verbergen. Wir suchen und ersinnen so listige Kniffe und geschwinde Griffe, wie man sie zur Zeit täglich aufs beste ausdenkt, als [wäre es] aus dem Recht hergeleitet; wir wagen uns kecklich darauf zu berufen, trotzen darauf und wollen das nicht Bosheit, sondern Gescheidigkeit und Vorsichtigkeit genannt haben. Dazu helfen auch die Juristen und Rechtsprechenden, die das Recht so lenken und dehnen, wie es ihrer Sache förderlich ist; sie zwacken die Worte und benutzen sie zum Vorwand, ohne auf Billigkeit und Not des Nächsten Rücksicht zu nehmen. Und kurzum, wer in solchen Sachen der Geschickteste und Gescheiteste ist, dem hilft das Recht am besten; so haben sie auch das Sprichwort: »Vigilantibus iura subveniunt« (den Wachsamen hilft das Recht).

Somit ist dieses letzte Gebot nicht für die bestimmt, die vor der Welt böse Buben sind, sondern gerade für die Frömmsten, die gelobt sein und redliche und aufrichtige Leute heißen wollen, weil sie ja gegen die vorhergehenden Gebote sich nichts zu schulden kommen lassen. So wollten vor allem die Juden dastehen, und noch viele große Junker, Herren und Fürsten; denn der andere gewöhnliche Haufen gehört noch auf eine weit tiefere Stufe, nämlich ins siebte Gebot, da sie nicht viel darnach fragen, wie sie das Ihre mit Ehre und Recht gewinnen.

Diese Gebote werden dauernd übertreten, wenn beim Rechtsstreit um Erb- und Liegenschaften dem Nächsten mit dem Schein des Rechts sein Eigentum abgejagt wird

So kommt nun das am meisten bei Rechtshändeln vor, die auf Grund eines Rechtstitels angestrengt werden, mit dessen Hilfe man dem Nächsten etwas abzugewinnen und abzudrängen sich vornimmt. So, um ein Beispiel zu geben, wenn man um eine große Erbschaft, liegende Güter usw. hadert und verhandelt. Da führt man ins Feld und nimmt zu Hilfe, was nur einen Schein von Recht an sich haben will; man putzt es heraus und schmückt es so aus, daß das Recht dem zufallen muß, und so behält man das Gut mit einem solchen Rechtstitel, daß niemand eine Klage oder einen Anspruch dagegen geltend machen kann. Ein weiteres Beispiel: es brächte jemand gerne ein Schloß, eine Stadt, eine Grafschaft oder sonst etwas Großes in seinen Besitz und er treibt durch seine Freundschaft und womit er kann so viel Finanzerei (Bestechung), daß es einem andern ab- und ihm zugesprochen und obendrein mit Brief und Siegel bestätigt wird, damit es mit einem fürstlichen Rechtstitel und redlich gewonnen heiße.

Gegen diese Gebote wird auch gesündigt, wenn bei Kaufgeschäften der Nächste mit dem Schein des Rechts um sein Hab und Gut gebracht wird

Das gleiche kommt auch bei gewöhnlichen Kaufgeschäften vor. Da reißt einer dem andern behende etwas aus der Hand, so daß jener das Nachsehen haben muß, oder er überfährt und bedrängt ihn [in einer Sache], bei der er seinen eigenen Vorteil und Nutzen wahrnimmt. Jener kann vielleicht infolge einer Notlage oder Verschuldung die Sache nicht halten und auch nicht ohne Schaden auslösen. So will es dieser halb oder mehr geschenkt haben, und dabei soll das dann doch nicht mit Unrecht genommen oder entwendet, sondern redlich gekauft sein. Da heißt es: »Der erste ist der Beste«; und »Ein jeder sehe auf seine Schanz (chance)«; mag ein anderer haben, was er kann. Und wer wäre klug genug, um alles auszudenken, was man unter einem solch hübschen Schein [des Rechts] an sich bringen kann, so daß es die Welt für kein Unrecht hält! Denn sie will nicht sehen, daß damit der Nächste benachteiligt wird und [etwas fahren] lassen muß, was er nicht ohne Schaden entbehren kann. Und doch gibt es niemanden, [der haben wollte], daß ihm so etwas angetan würde. Daran ist deutlich zu spüren, daß ein solcher Vorwand und ein solcher Schein falsch ist.

Es ist eine Sünde, dem Nächsten seine Frau wegzunehmen und seine Angestellten abzuwerben

Ganz entsprechend ist es nun vorzeiten [im Judentum] auch mit den Weibern zugegangen. Da kannten sie Kniffe folgender Art: Wenn einem eine andere gefiel, so brachte er es selbst oder durch andere, es ließen sich ja mancherlei Mittel und Wege ausdenken, dahin, daß ihr Mann einen Widerwillen gegen sie faßte oder daß sie sich gegen ihn sperrte und sich so benahm, daß er sie von sich tun und jenem [andern] überlassen mußte. Derartiges ist zweifellos unter der Herrschaft des Gesetzes stark im Brauch gewesen; so liest man ja auch im Evangelium von dem König Herodes, daß er seines eigenen Bruders Weib noch bei dessen Lebzeiten freite; und dabei wollte er doch ein ehrbarer, frommer Mann sein, was ihm auch der hl. Markus bezeugt. Ein derartiges Beispiel aber, hoffe ich, soll bei uns nicht vorkommen, nachdem im Neuen Testament den Eheleuten verboten ist, sich voneinander zu scheiden: höchstens könnte der Fall eintreten, daß einer dem andern eine reiche Braut mit Geschick wegschnappte. Das aber ist bei uns nicht selten, daß einer dem andern seinen Knecht oder seine Dienstmagd weglockt und entfremdet oder sonst mit guten Worten wegnimmt.

Dieser »legale Diebstahl«, der in der menschlichen Habsucht und Mißgunst wurzelt, wird von Gott bestraft. Was rechtens ist, ist deswegen noch lange nicht richtig

Mag das alles nun geschehen, wie es will: wir sollen jedenfalls wissen, daß Gott nicht haben will, daß du dem Nächsten etwas, was ihm gehört, so wegnimmst, daß er es entbehren muß und du deinen Geiz (Habgier) befriedigst, – auch wenn du es vor der Welt mit Ehren behalten kannst. Denn es ist eine heimliche, meuchlerische Bosheit und heißt, wie man sprichwörtlich sagt, unter dem Hut gespielt (im Geheimen betrieben), daß man es nicht merken soll. Denn wenn du auch deines Wegs gehst, als habest du niemandem unrecht getan, so bist du doch deinem Nächsten zu nahe getreten. Und heißt es nicht gestohlen oder betrogen, so heißt es doch des Nächsten Gut begehrt, d.h. du hast es darauf abgesehen gehabt und hast es ihm abspenstig gemacht ohne seine Einwilligung, und hast ihm nicht gönnen wollen, was ihm Gott beschert hat. Und wenn dir's auch der Richter und jedermann lassen muß, so wird dir's doch Gott nicht lassen, denn er sieht das böse Herz und die Tücke der Welt gut; wenn man der einen Finger breit einräumt, so nimmt sie eine Elle lang dazu, so daß sogar öffentlich Ungerechtigkeit und Gewalttat darauf folgt.

Diese zwei Gebote wollen insbesondere die Wurzel alles Bösen bloßlegen und beseitigen: den Neid und die Sucht, immer mehr haben zu wollen

So lassen wir es für diese Gebote bei dem allgemeinen Verständnis bleiben, daß in erster Linie darin geboten ist, man solle nicht des Nächsten Schaden begehren, und auch nicht dazu helfen oder Anlaß geben; vielmehr solle man ihm gönnen und lassen, was er hat, dazu auch fördern und erhalten, was ihm zu Nutz und Dienst geschehen kann, so wie wir es auch uns getan haben wollten. Demnach soll es hier besonders auf die Mißgunst und den leidigen Geiz (Habsucht) abgesehen sein; damit will Gott die Ursache und Wurzel aus dem Weg räumen, aus der alles entspringt, wodurch man dem Nächsten Schaden tut. Das spricht er darum auch deutlich mit den Worten aus: »Du sollst nicht begehren usw.« Denn er will vor allem das Herz rein haben.

Das Gebot, dem anderen das Seine zu gönnen, zeigt, wie sehr der Mensch im Spiegel der Gebote seine Sünde erkennt

Obwohl wir es, solange wir hier leben, nicht dahin bringen können. Somit bleibt dies ebensowohl ein Gebot wie die andern alle: es beschuldigt uns [nämlich] ohne Unterlaß und zeigt an, wie fromm wir vor Gott sind.

ABSCHLUß DER ZEHN GEBOTE

Die Erfüllung der Zehn Gebote im unscheinbaren Alltag zählt bei Gott, nicht auffällige Sonderleistungen, die er nicht geboten hat

So haben wir nun die zehn Gebote als einen Ausbund göttlicher Lehre für das, was wir tun sollen, damit unser ganzes Leben Gott gefalle, und als den rechten Quellborn und [das Kanal-]Rohr, aus und in das alles quellen und gehen muß, was ein gutes Werk sein will. Außer den zehn Geboten kann also kein Werk und Wesen gut und gottgefällig sein, sei es auch vor der Welt so groß und kostbar wie es wolle. Laß nun sehen, was unsere großen Heiligen rühmen können von ihren geistlichen Orden und ihren großen, schweren Werken, die sie erdacht und aufgebracht haben, während sie diese haben fahren lassen, gerade als wären diese viel zu gering oder alle schon längst ausgerichtet. Ich meine jedenfalls, man müßte alle Hände voll zu tun haben, um nur das [hier Gebotene] zu halten, wie Sanftmut, Geduld und Liebe gegen die Feinde, Keuschheit, Wohltätigkeit usw. und was solche Stücke mit sich bringen. Aber solche Werke gelten und scheinen nicht vor den Augen der Welt. Denn sie sind nicht seltsam und aufgeblasen, an eine besondere, eigene Zeit, Stätte, Weise und Gebärde gebunden; es sind vielmehr gewöhnliche, alltägliche Hauswerke, die ein Nachbar dem andern gegenüber üben kann; deshalb haben sie kein Ansehen. Jene [großen Heiligen] dagegen richten Augen und Ohren auf sich; dazu helfen sie selber durch großes Gepränge, Aufwand und herrliche Bauten. Sie schmücken sie heraus, daß alles gleißen und leuchten muß: da räuchert man, da singt und klingt man, da zündet man Kerzen und Lichter an, damit man vor diesen [Werken] keine anderen mehr hören und sehen könne. Denn daß da ein Priester in einer goldenen Kasel steht oder ein Laie den ganzen Tag in der Kirche auf den Knien liegt, das heißt ein köstliches Werk, das niemand genug loben kann. Aber wenn ein armes Mägdlein ein junges Kind pflegt und treulich tut, was ihr befohlen ist, das soll nichts heißen. Was sollten sonst Mönche und Nonnen in ihren Klöstern suchen?

Es ist vermessen, sich über die Zehn Gebote zu erheben und nach höheren Wertmaßstäben leben zu wollen

Sieh aber: ist es nicht eine verfluchte Vermessenheit der unseligen Heiligen, wenn sie sich unterstehen, ein höheres und besseres Leben und [höhere, bessere] Stände zu finden, als die zehn Gebote es lehren? Sie geben vor, wie schon gesagt, es gebe ein schlichtes Leben für den gemeinen Mann, das ihrige aber sei für die Heiligen und Vollkommenen. Sie sehen nicht, die elenden, blinden Leute, daß kein Mensch es so weit bringen kann, [auch nur] eines von den zehn Geboten so zu halten, wie es zu halten ist; vielmehr muß erst noch, wie wir hören werden, das Glaubensbekenntnis wie auch das Vaterunser zu Hilfe kommen, durch die man das suchen und erbitten und es ohne Unterlaß empfangen darf. Darum bedeutet ihr Rühmen gerade so viel, wenn ich mich rühmte und sagte: »Ich habe zwar keinen Groschen, um zu bezahlen, aber zehn Gulden getraue ich mich wohl zu bezahlen.«

Die Zehn Gebote sind ihrerseits schon ein so hoch gestecktes Ziel, daß sie niemand aus eigener Kraft erfüllen kann

Das sage und betone ich deshalb, daß man den leidigen Mißbrauch, der sich so tief eingewurzelt hat und noch jedermann anhängt, loswerde und sich in allen Ständen auf Erden daran gewöhne, nur hierauf zu sehen und sich darum zu kümmern. Denn man wird noch lange keine Lehre und keine Stände aufbringen, die den zehn Geboten gleich sind; sind doch diese so hoch, daß niemand sie durch Menschenkraft erlangen kann; und wer sie erlangt, der ist ein himmlischer, engelhafter Mensch, weit [erhaben] über alle Heiligkeit der Welt. Nimm sie dir nur vor und versuche dich tüchtig daran, verwende alle Kraft und Macht darauf; dann wirst du wohl soviel zu schaffen bekommen, daß du keine anderen Werke oder [andere] Heiligkeit suchen und schätzen wirst.

Der Zusatz zum ersten Gebot gilt für alle Gebote

Das sei genug vom ersten Teil der Lehre und Ermahnung. Doch müssen wir zum Schluß den Text wiederholen, den wir auch oben beim ersten Gebot behandelt haben, damit man lerne, was Gott daran gewendet haben will, daß man die zehn Gebote wohl betreiben und üben lerne:

Ich, der Herr, dein Gott, bin ein eifriger (eifernder) Gott, der über die, die mich hassen, die Sünde der Väter an den Kindern heimsucht bis ins dritte und vierte Glied; aber denen, die mich lieben und meine Gebote halten, tue ich wohl bis in tausend Gliedern.

Dieser Zusatz ist zwar, wie oben gehört, zunächst dem ersten Gebot angehängt, aber er ist doch um aller Gebote willen dazugesetzt, da diese sich sämtlich hierauf beziehen und darauf eingestellt sein sollen. Darum habe ich gesagt, man solle das auch der Jugend vorhalten und einbleuen, daß sie es lerne und behalte, damit man sehe, was uns dringen und zwingen soll, diese zehn Gebote zu halten. Man soll es nicht anders ansehen, als wie wenn dieses Stück zu jedem [Gebot] besonders hinzugesetzt wäre, so daß es in ihnen allen und durch sie alle hindurch in Geltung sei.

Das Drohwort und Verheißungswort dieses Zusatzes macht die Forderung der Gebote dringlich

Nun ist, wie [schon] zuvor gesagt wurde, in diesen Worten ein zorniges Drohwort und eine freundliche Verheißung zusammengefaßt, um uns zu erschrecken und zu warnen und dazu uns zu locken und anzureizen. Denn man soll [Gottes] Wort als ein mit göttlichem Ernst [gesprochenes] annehmen und hoch achten, weil er selbst es ausdrücklich sagt, wieviel ihm daran gelegen sei, und wie hart er darüber wachen wolle. Will er doch alle greulich und schrecklich strafen, die seine Gebote verachten und übertreten, und will er's doch umgekehrt denen reichlich belohnen und wohltun und alles Gute geben, die sie hoch achten und gerne darnach tun und leben. Damit will er gefordert haben, daß sie alle aus einem solchen Herzen heraus getan werden, das allein Gott fürchtet und vor Augen hat und aus solcher Furcht alles unterläßt, was wider seinen Willen ist, um ihn nicht zu erzürnen, und das hingegen auch ihm allein vertraut und ihm zuliebe tut, was er haben will, weil er sich so freundlich als ein Vater hören läßt und uns alle Gnade und alles Gute anbietet.

Wer mit dem ersten Gebot Gott allein fürchtet und ihm alleine vertraut, hat alle Gebote erfüllt

Dies ist auch eben der Sinn und die rechte Auslegung des ersten und vornehmsten Gebotes, aus dem alle anderen quellen und gehen sollen. So will dieses Wort: »Du sollst keine andern Götter haben« ganz einfach nichts anderes gesagt haben als was hier gefordert ist: »Du sollst mich als deinen einzigen, rechten Gott fürchten, lieben und mir vertrauen.« Denn wenn ein Herz Gott gegenüber so steht, dann hat es dieses und alle anderen Gebote erfüllt. Umgekehrt, wer etwas anderes im Himmel und auf Erden fürchtet und liebt, der wird weder dieses noch sonst eines halten. So hat die ganze Schrift überall dieses Gebot gepredigt und betrieben und alles auf die zwei Stücke, Gottesfurcht und Gottvertrauen, hingelenkt. So vor allem der Prophet David durch den ganzen Psalter hindurch; wenn er [z.B.] sagt: »Der Herr hat Gefallen an denen, die ihn fürchten und auf seine Güte warten«, so ist's, als wäre hier das ganze Gebot in einem einzigen Vers ausgelegt und geradesoviel gesagt als: »Der Herr hat Gefallen an denen, die keine anderen Götter haben.«

Das erste Gebot ist der Reif im Kranz der Gebote, der sie zu einem Sinnganzen zusammenfügt

So soll nun das erste Gebot leuchten und seinen Glanz in alle anderen [Gebote] geben. Deshalb mußt du auch dieses Stück durch alle Gebote hindurchgehen lassen als den Verschluß oder den Reif im Kranz, der das Ende und den Anfang zu einem Ganzen zusammenfügt und alle zusammenhält. Man soll es also immer wiederholen und nicht vergessen, so z.B. beim zweiten Gebot: man soll Gott fürchten und seinen Namen nicht mißbrauchen zum Fluchen, Lügen, Trügen und zu anderer Verführung oder Büberei; vielmehr soll man ihn richtig und gut brauchen mit Anrufen, Beten, Loben und Danken aus Liebe und Vertrauen, wie sie aus dem ersten Gebot geschöpft werden. Desgleichen soll [beim dritten Gebot] ein solches Fürchten, Lieben und Vertrauen dazu treiben und zwingen, daß man [Gottes] Wort nicht verachte, sondern es lerne, gerne höre, heilig halte und ehre.

Ebenso soll es dann weiter durch die folgenden Gebote [hindurch] dem Nächsten gegenüber sein; auch hier geht alles aus der Kraft des ersten Gebots. Man soll Vater und Mutter, Herren und alle Obrigkeit ehren, ihnen untertan und gehorsam sein, nicht um ihretwillen, sondern um Gottes willen. Denn du brauchst dabei weder Vater noch Mutter anzusehen und sie zu fürchten und ihnen zuliebe etwas zu tun oder zu lassen; [wohl] aber sieh darauf, was Gott von dir haben will und ganz getrost von dir fordern wird. Unterläßt du es, so hast du einen zornigen Richter, oder andernfalls einen gnädigen Vater. Ebenso sollst du deinem Nächsten kein Leid noch Schaden noch Gewalt antun, noch ihm irgendwie zu nahe treten, gleichviel, ob es seinen Leib, sein Gemahl, sein Gut, seine Ehre oder sein Recht betrifft, wie es nacheinander geboten ist, auch wenn du Gelegenheit und Ursache dazu hättest und kein Mensch dich deswegen strafte. Vielmehr sollst du jedermann wohltun, helfen und fördern wie und wo du kannst, allein Gott zuliebe und zu Gefallen im Vertrauen darauf, daß er dir alles reichlich wiedererstatten will. Somit siehst du, wie das erste Gebot das Haupt und der Quellborn ist, der durch die andern alle hindurchfließt, und wie umgekehrt alle sich auf dieses [Gebot] zurückbeziehen und von ihm abhängen, so daß alles, Ende und Anfang, aneinandergeknüpft und -gebunden ist.

Wir sollen die Zehn Gebote stets vor Augen haben

Es ist, so sage ich nun, nützlich und nötig, das alles dem jungen Volk immer vorzuhalten, es zu ermahnen und zu erinnern, daß sie nicht bloß mit Schlägen und Zwang aufgezogen werden wie das Vieh, sondern in der Furcht und

Ehrfurcht Gottes. Denn das muß man bedenken und zu Herzen nehmen, daß es sich nicht um Menschentand handelt, sondern um die Gebote der hohen Majestät. Mit so großem Ernst wacht Gott darüber; er zürnt und straft die, die sie verachten, und vergilt umgekehrt so überschwenglich denen, die sie halten. Dies wird dann von selbst dazu anreizen und antreiben, gerne Gottes Willen zu tun. Nicht umsonst ist darum im Alten Testament geboten, man solle die zehn Gebote an alle Wände und Ecken, ja sogar auf die Kleider schreiben: nicht um es bloß dort geschrieben stehen zu lassen und zur Schau zu tragen, wie die Juden es taten, sondern um es ohne Unterlaß vor Augen und stets im Gedächtnis zu haben. Wir sollen es in all unserem Tun und Wesen betreiben, und jeder soll sich täglich darin üben in allerlei Fällen, Geschäften und Handlungen, als stünde es an allen Orten geschrieben, wo er hinsieht, ja wo er geht oder steht. So würde man sowohl für sich daheim in seinem Haus als auch den Nachbarn gegenüber Ursache genug finden, die zehn Gebote zu betreiben; es brauchte niemand weit darnach zu laufen.

Die zehn Gebote sind der höchste Schatz, den uns Gott gegeben hat

Daraus sieht man abermals, wie hoch diese zehn Gebote über alle Stände, Gebote und Werke zu erheben und zu preisen sind, die man sonst lehrt und betreibt. Denn hier können wir trotzen und sagen: »Laß alle Weisen und Heiligen auftreten, ob sie ein Werk vorbringen können wie diese Gebote! Sie fordert Gott mit solchem Ernst und befiehlt sie bei seinem höchsten Zorn und Strafe. Weiter setzt er eine so herrliche Verheißung dazu, daß er uns mit allen Gütern und allem Segen überschütten will.« Darum soll man sie jedenfalls über alle anderen Lehren teuer und wert halten als den höchsten Schatz, der uns von Gott gegeben ist.

DAS ZWEITE HAUPTSTÜCK

Der Glaube

Der innere Zusammenhang zwischen erstem und zweitem Hauptstück: Der Glaube gibt die Kraft, die Gebote zu erfüllen

Bisher haben wir vom ersten Stück christlicher Lehre gehört, und darin alles gesehen, was Gott von uns getan und gelassen haben will. Darauf folgt nun mit Recht das Glaubensbekenntnis; es legt uns alles vor, was wir von Gott erwarten und empfangen müssen, und lehrt uns, kurz gesagt, ihn ganz und gar erkennen. Dies [aber] soll eben dazu dienen, daß wir das tun können, was wir gemäß den zehn Geboten tun sollen. Denn diese sind, wie oben gesagt, so hoch gestellt, daß aller Menschen Vermögen viel zu gering und schwach ist, sie zu halten. Darum ist dieses Stück ebenso notwendig zu lernen wie jenes, damit man wisse, wie man dazu kommt: woher und wodurch solche Kraft zu nehmen sei. Denn wenn wir aus eigenen Kräften die zehn Gebote halten könnten, wie sie zu halten sind, so brauchten wir nichts weiter, weder den Glauben noch das Vaterunser. Aber ehe man so Nutzen und Notwendigkeit des Glaubensbekenntnisses darlegt, ist es im Blick auf die ganz einfachen Menschen fürs erste genug, wenn sie das Glaubensbekenntnis an und für sich erfassen und verstehen lernen.

Der eine Glaube hat drei Artikel wie der eine Gott aus drei Personen besteht

Zunächst hat man bisher das Glaubensbekenntnis in zwölf Artikel geteilt. Wenn man [freilich] alle Stücke, die in der Schrift stehen und zum Glaubensbekenntnis gehören, einzeln erfassen wollte, so sind es viel mehr Artikel; auch können sie nicht alle in so wenig Worten deutlich ausgedrückt werden. Damit man's aber so leicht und einfach als möglich erfassen könne, wie es für die Kinder zu lehren ist, wollen wir das ganze Glaubensbekenntnis kurz in drei Hauptartikel zusammenfassen, den drei Personen der Gottheit entsprechend, auf die alles ausgerichtet ist, was wir glauben. Der erste Artikel, von Gott dem Vater, möge also die Schöpfung erklären, der zweite, von dem Sohn, die Erlösung, der dritte, von dem Heiligen Geiste, die Heiligung, als wäre der Glaube in allerkürzester Form in folgende wenige Worte gefaßt: »Ich glaube an Gott Vater, der mich geschaffen hat; ich glaube an Gott den Sohn, der mich erlöst hat; ich glaube an den Heiligen Geist, der mich heilig macht.« *Ein* Gott und *ein* Glaube, aber drei Personen, darum auch drei Artikel oder Bekenntnisse. So wollen wir nun in Kürze die Worte durchgehen.

DER ERSTE ARTIKEL

Ich glaube an Gott, den Vater, den Allmächtigen, den Schöpfer Himmels und der Erden

Gott allein hat die Welt geschaffen

Da ist aufs allerkürzeste dargestellt und geschildert, was Gottes des Vaters Wesen, Wille, Tun und Werk ist. Denn nachdem die zehn Gebote [uns] vorgehalten haben, man solle nicht mehr als *einen* Gott haben, so könnte man nun fragen: »Was ist denn Gott für ein Mann, was tut er, wie kann man ihn preisen oder darstellen und beschreiben, daß man ihn kenne?« Das lehrt nun dieser und die folgenden Artikel. Somit ist das Glaubensbekenntnis nichts anderes als eine Antwort und ein Bekenntnis der Christen, das auf dem ersten Gebot begründet ist. Wenn man etwa ein junges Kind fragte: »Lieber, was hast du für einen Gott? Was weißt du von ihm?« – so könnte es sagen: »Das ist mein Gott: erstens der Vater, der Himmel und Erde geschaffen hat. Außer diesem einen halte ich nichts für Gott; denn sonst gibt es keinen, der Himmel und Erde schaffen könnte.«

Keiner kann sich selber oder irgend etwas anderes schaffen und erhalten

Für die Gelehrten aber und für die, die etwas bewandert sind, kann man die Artikel alle drei weit ausmalen und in soviel Stücke einteilen, als es Worte sind. Jetzt aber, für die jungen Schüler, sei es genug, das Nötigste aufzuzeigen, daß nämlich, wie gesagt, dieser Artikel die Schöpfung betrifft, daß man auf dem Wort »Schöpfer Himmels und der Erden« stehe. Was heißt nun das, oder was meinst du mit dem Wort: »Ich glaube an Gott, den Vater, den Allmächtigen, den Schöpfer usw.?« Antwort: Das meine und glaube ich, daß ich Gottes Geschöpf bin. D.h.: er hat mir gegeben und erhält mir ohne Unterlaß Leib, Seele und Leben, kleine und große Gliedmaßen, alle Sinne, Vernunft und Verstand usw.; Essen und Trinken, Kleider, Nahrung, Weib und Kind, Gesinde, Haus und Hof usw. Dazu läßt er mir alle Kreaturen zu Nutz und Notdurft des Lebens dienen: Sonne, Mond und Sterne am Himmel, Tag und Nacht, Luft, Feuer, Wasser, Erde, und was sie trägt und hervorbringt wie Vogel, Fisch, Tier, Getreide und Gewächs aller Art; ebenso was sonst noch leibliche und zeitliche Güter sind, wie gutes Regiment, Frieden, Sicherheit. So soll man also aus diesem Artikel lernen, daß keiner von uns weder das Leben von sich selber hat noch alles, was soeben aufgezählt wurde und noch aufgezählt werden kann, [und daß er es auch] nicht erhalten kann, so klein und geringfügig es sein mag. Denn das ist alles in dem Wort »Schöpfer« eingeschlossen.

Gott hat nicht nur alles geschaffen, er beschützt uns vor allem Bösen

Weiter bekennen wir auch, daß Gott der Vater nicht nur alles das, was wir haben und vor Augen sehen, uns gegeben hat, sondern daß er uns auch täglich vor allem Übel und

Unglück behütet und beschützt, Gefahr und Unfall aller Art abwendet; und das alles aus lauter Liebe und Güte, durch uns unverdient, als ein freundlicher Vater, der für uns sorgt, daß uns kein Leid widerfahre. Was aber davon weiter zu sagen wäre, das gehört zu den anderen zwei Stücken dieses Artikels, in denen man sagt: »Vater, den allmächtigen«.

Wir schulden Gott Dank für die Schöpfung, Erhaltung und Bewahrung

Hieraus ergibt sich von selbst die Schlußfolgerung: weil uns das alles, was wir besitzen, dazu was im Himmel und auf Erden ist, täglich von Gott gegeben, erhalten und bewahrt wird, so sind wir wahrlich schuldig, ihn darum ohne Unterlaß zu lieben, zu loben und zu danken, und kurzum, ihm damit ganz und gar zu dienen, wie er es durch die zehn Gebote gefordert und befohlen hat.

Statt Gott zu danken, tun wir so, als hätten wir uns alles selber gegeben

Hier wäre nun, wenn man es ausführlich behandeln wollte, viel davon zu sagen, wie wenige es sind, die diesen Artikel glauben. Denn wir gehen alle drüber hin, hören's und sagen's, sehen aber und bedenken nicht, was uns die Worte auftragen. Denn wenn wir's von Herzen glaubten, würden wir auch darnach tun, und nicht so stolz einhergehen, nicht so trotzen und uns brüsten, als hätten wir das Leben, Reichtum, Gewalt und Ehre usw. von uns selbst, so daß man *uns* fürchten und dienen müßte. So macht es die unselige, verkehrte Welt; sie ist in ihrer Blindheit ersoffen, mißbraucht alle Güter und Gaben Gottes nur zu ihrer Hoffart, Geiz, Lust und Vergnügen, und sieht nicht ein einzigesmal auf Gott, um ihm zu danken oder ihn als Herrn und Schöpfer anzuerkennen. Darum sollte dieser Artikel uns alle demütigen und erschrecken, sofern wir's glaubten. Denn wir sündigen täglich mit Augen, Ohren, Händen, Leib und Seele, Geld und Gut und mit allem, was wir haben; in besonderer Weise tun dies diejenigen, die auch noch wider Gottes Wort fechten. Doch haben die Christen den Vorteil, daß sie sich als schuldig erkennen, ihm dafür zu dienen und gehorsam zu sein.

Der erste Artikel will uns bewußt machen, was wir von Gott empfangen haben und was wir ihm dafür schulden

Deshalb sollen wir diesen Artikel täglich üben, uns einprägen. Bei allem, was uns vor Augen kommt und an Gutem widerfährt, auch wenn wir aus Nöten und Gefahr kommen, sollen wir uns daran erinnern, daß Gott uns das alles gibt und tut, damit wir daran sein väterliches Herz und seine überschwengliche Liebe gegen uns spüren und sehen. Davon würde das Herz warm und entzündet werden, dankbar zu sein und alle diese Güter zu Gottes Ehre und Lob zu brauchen.

Damit haben wir aufs kürzeste den Sinn dieses Artikels [besprochen], soviel davon zunächst einmal für die einfachen Menschen zu lernen nötig ist: sowohl was wir von Gott haben und empfangen, als auch was wir dafür schuldig sind. Das ist eine gar große, treffliche Erkenntnis, aber ein noch viel höherer Schatz. Denn da sehen wir, wie sich der Vater uns samt allen Kreaturen gegeben hat und wie er uns aufs allerreichlichste schon in diesem Leben versorgt, abgesehen davon, daß er uns auch sonst noch mit unaussprechlichen, ewigen Gütern durch seinen Sohn und seinen Heiligen Geist überschüttet, wie wir hören werden.

DER ZWEITE ARTIKEL

Und an Jesus Christus, seinen eingeborenen Sohn, unsern Herrn, empfangen durch den Heiligen Geist, geboren von der Jungfrau Maria, gelitten unter Pontius Pilatus, gekreuzigt, gestorben und begraben, hinabgestiegen in das Reich des Todes, am dritten Tage auferstanden von den Toten, aufgefahren in den Himmel, er sitzt zur Rechten Gottes, des allmächtigen Vaters, von dort wird er kommen, zu richten die Lebenden und die Toten.

Gott gibt uns nicht nur seine Gaben, er gibt sich selbst – in Jesus Christus, dem Erlöser

Hier lernen wir die zweite Person der Gottheit kennen; so sehen wir, was wir außer den vorher erwähnten zeitlichen Gütern von Gott haben, nämlich wie er sich ganz und gar ausgeschüttet und nichts behalten hat, das er uns nicht gegeben hätte. Dieser Artikel ist nun sehr reich und weit; um es aber auch [ganz] kurz und kindlich zu behandeln, wollen wir uns *ein* Wort vornehmen und darin seinen ganzen Inhalt zusammenfassen: Man soll nämlich, wie gesagt, daraus lernen, wie wir erlöst worden sind; und [zwar] soll das stehen auf diesen Worten: »An Jesus Christus, unsern *Herrn.*«

Die Erlösung ist ein Herrschaftswechsel: Jesus Christus, unser neuer Herr, befreit uns von allem, was uns versklavt

Wenn man nun fragt: »Was glaubst du im zweiten Artikel von Jesus Christus?«, so antworte aufs kürzeste: »Ich glaube, daß Jesus Christus, wahrhaftiger Gottessohn, mein *Herr* geworden ist.« Was ist nun das: »Ein *Herr* werden?« Das ist's, daß er mich erlöst hat von der Sünde, vom Teufel, vom Tod und allem Unglück. Denn vorher habe ich keinen Herrn noch König gehabt, sondern bin unter des Teufels Gewalt gefangen, zum Tode verdammt, in der Sünde und Blindheit verstrickt gewesen.

Denn nachdem wir geschaffen waren und Gutes aller Art von Gott dem Vater empfangen hatten, kam der Teufel und brachte uns in Ungehorsam, Sünde, Tod und alles Unglück, daß wir in Gottes Zorn und Ungnade lagen, zu ewiger Verdammnis verurteilt, wie wir es verschuldet und verdient hatten. Da war kein Rat, keine Hilfe noch Trost, bis sich dieser eine und ewige Gottessohn unseres Jammers und Elends aus grundloser Güte erbarmte und vom Himmel kam, um uns zu helfen. So sind nun jene Tyrannen und Stockmeister (Gefängnisaufseher) alle vertrieben und an ihre Stelle ist Jesus Christus getreten als ein Herr des Lebens, der Gerechtigkeit, alles Guten und aller Seligkeit. Er hat uns arme, verlorene Menschen aus der Hölle Rachen gerissen, gewonnen, freigemacht und wieder in des Vaters Huld und Gnade gebracht und hat uns als sein Eigentum unter seinen Schirm und Schutz genommen, um uns durch seine Gerechtigkeit, Weisheit, Gewalt, Leben und Seligkeit zu regieren.

Was es ihm gekostet hat, uns unter seine Herrschaft zu bringen

Das sei nun die Zusammenfassung dieses Artikels: Das Wörtlein *»Herr«* heiße ganz einfach soviel wie »ein Erlöser«. Das heißt einen, der uns vom Teufel zu Gott, vom Tod zum Leben, von der Sünde zur Gerechtigkeit gebracht hat und dabei erhält. Die Stücke aber, die nacheinander in diesem [zweiten] Artikel folgen, haben nichts anderes zu tun, als diese Erlösung zu erklären und auszudrücken: wie und wodurch sie geschehen ist, d.h. was sie ihn gekostet, und was er daran gewendet und gewagt hat, um uns zu gewinnen und unter seine Herrschaft zu bringen. Er ist nämlich Mensch geworden, vom Heiligen Geist und der Jungfrau ohne alle Sünde empfangen und geboren, um der Sünde Herr zu sein. Ferner hat er gelitten, ist gestorben und begraben worden, um für mich genugzutun und zu bezahlen, was ich verschuldet habe, nicht mit Silber oder Gold, sondern mit seinem eigenen, teuren Blute; und dies alles dazu, daß er mein *Herr* würde; denn nichts von dem allem hat er für sich selbst getan noch dessen bedurft. Darnach ist er wieder auferstanden, hat den Tod verschlungen und gefressen, und ist endlich gen Himmel gefahren und hat das Regiment zur Rechten des Vaters übernommen. Nun muß ihm der Teufel und alle Gewalt untertan sein und zu Füßen liegen, so lange, bis er uns endlich am Jüngsten Tag gänzlich von der bösen Welt, von Teufel, Tod, Sünde usw. scheidet und absondert.

Von diesem zweiten Artikel hängt unser ganzes Heil ab

Aber alle diese einzelnen Stücke besonders auszulegen, gehört nicht in die kurze Kinderpredigt, sondern in die großen Predigten im Verlauf des ganzen Jahres, besonders in die Zeiten, die dazu bestimmt sind, um einen jeden Artikel eingehend zu behandeln: von Geburt, Leiden, Auferstehung, Himmelfahrt Christi usw. Auch steht das ganze Evangelium, das wir predigen, darauf, daß man diesen Artikel recht erfasse: denn an ihm liegt all unser Heil und unsere Seligkeit, und er ist so reich und weit, daß wir immer genug daran zu lernen haben.

DER DRITTE ARTIKEL

Ich glaube an den Heiligen Geist, die heilige christliche (catholica) Kirche, Gemeinschaft der Heiligen, Vergebung der Sünden, Auferstehung der Toten und das ewige Leben. Amen.

Der Heilige Geist macht uns heilig

Diesen Artikel kann ich nicht besser betiteln als – wie gesagt – »Von der Heiligung«. Denn in ihm wird der Heilige Geist mit seinem Amt, nämlich, daß er heilig macht, ausgedrückt und abgemalt. Darum müssen wir fußen auf dem

Wort »Heiligen Geist«, weil es so kurz gefaßt ist, daß man kein anderes finden kann. Denn es ist sonst in der [Heiligen] Schrift von mancherlei »Geist« die Rede, z.B. vom Menschengeist, voll himmlischen Geistern und vom bösen Geist. Aber allein Gottes Geist heißt ein Heiliger Geist, d.h. ein Geist, der uns geheiligt hat und noch immer heiligt. Denn wie der Vater ein Schöpfer, der Sohn ein Erlöser heißt, so soll auch der Heilige Geist von seinem Werk her ein Heiliger oder Heiligmacher heißen. Wie aber geht denn dieses »Heiligen« zu? Antwort: Gleichwie der Sohn die Herrschaft erwirbt, durch die er uns gewinnt, durch seine Geburt, sein Sterben und Auferstehen, so richtet der Heilige Geist die Heiligung aus durch die folgenden Stücke, d.h. durch die Gemeinde der Heiligen oder christliche Kirche, durch Vergebung der Sünden, Auferstehung des Fleisches und das ewige Leben.

Der Heilige Geist eignet uns die Erlösung zu und bringt uns zu Christus

Das bedeutet, daß er uns zuerst in seine heilige Gemeinde führt und in den Schoß der Kirche legt, durch welche er uns predigt und zu Christus bringt. Denn weder du noch ich könnten jemals etwas von Christus wissen oder an ihn glauben und ihn zum Herrn bekommen, wenn es uns nicht vom Heiligen Geist durch die Predigt des Evangeliums angeboten und in den Busen geschenkt würde. Das Werk ist geschehen und ausgerichtet, denn Christus hat uns den Schatz erworben und gewonnen durch sein Leiden, Sterben und Auferstehen usw. Aber wenn das Werk verborgen bliebe, so daß niemand etwas davon wüßte, so wäre es umsonst und verloren. Damit nun dieser Schatz nicht vergraben bleibe, sondern [nutzbringend] angelegt und genossen werde, hat Gott das Wort ausgehen und verkünden lassen, und darin uns den Heiligen Geist gegeben, um uns diesen Schatz und die Erlösung nahezubringen und zuzueignen. Darum ist das »Heiligen« nichts anderes als ein Hinbringen zum Herrn

Christus, damit wir da dieses Gut empfangen, zu welchem wir von uns selbst nicht kommen könnten.

Das Mittel, mit dem der Heilige Geist wirkt, ist die Kirche, die Mutter der Christen

So lerne nun diesen Artikel aufs deutlichste verstehen. Wenn man fragt: »Was meinst du mit den Worten: ›Ich glaube an den Heiligen Geist‹?«, so könntest du antworten: »Ich glaube, daß mich der Heilige Geist heiligmacht, wie sein Name es sagt.« Womit tut er aber das? Oder was ist seine Weise und sein Mittel dabei? Antwort: »Durch die christliche Kirche, die Vergebung der Sünden, die Auferstehung des Fleisches, und das ewige Leben.« Denn als erstes hat er eine besondere Gemeinde in der Welt, die die Mutter ist, die einen jeden Christen zeugt und trägt durch das Wort Gottes. Das offenbart und treibt der Heilige Geist, er erleuchtet und entzündet die Herzen, daß sie es fassen, annehmen, dran hängen und dabei bleiben.

Wo nicht Christus als unser einziger Erlöser verkündigt wird, ist kein Heiliger Geist und keine Kirche

Denn wenn er's nicht predigen läßt und ihm Herzen erweckt, daß man's faßt, dann ist's verloren, wie das unter dem Papsttum geschehen ist, wo der Glaube ganz unter die Bank gesteckt wurde; niemand hat Christus als einen Herrn erkannt noch den Heiligen Geist als den, der da heilig macht. Das heißt, niemand hat geglaubt, daß Christus so unser Herr sei, der uns ohne unser Werk und Verdienst einen solchen Schatz gewonnen und uns dem Vater angenehm gemacht hat. Woran hat es denn [hier] gemangelt? Daran, daß der Heilige Geist nicht dagewesen ist, der das geoffenbart hätte und es hätte predigen lassen; sondern nur Menschen und böse Geister sind dagewesen, die uns gelehrt haben, durch unsere [eigenen] Werke selig zu werden und Gnade zu erlangen. Darum ist es auch keine christliche Kirche. Denn wo man nicht von Christus predigt, da ist kein Heiliger Geist, der die christliche Kirche macht, beruft und sammelt, außerhalb derer niemand zu dem Herrn Christus kommen kann.

Das sei genug [gesagt] von dem zusammenfassenden Inhalt dieses Artikels; weil aber die Stücke, die im einzelnen darin aufgezählt sind, für die einfachen Menschen nicht so ganz klar sind, wollen wir sie auch kurz durchlaufen.

Die Kirche (ecclesia) ist die Gemeinde oder Versammlung der Christen

Die »heilige christliche Kirche« heißt das Glaubensbekenntnis »communio sanctorum« [=] »eine Gemeinschaft der Heiligen«. Beide Begriffe umschreiben nämlich ein und dasselbe, aber früher ist das eine Stück [communio sanctorum] nicht dabeigewesen, es ist auch übel und unverständlich verdeutscht mit »eine Gemeinschaft der Heiligen«. Wenn man [das Gemeinte] deutlich wiedergeben sollte, so müßte man es auf deutsche Art ganz anders ausdrücken. Denn das Wort »ecclesia« (Kirche) heißt eigentlich auf Deutsch »eine Versammlung«; wir aber sind dafür das Wörtlein »Kirche« gewohnt, das die einfachen Leute nicht von einem versammelten Haufen, sondern von dem geweihten Haus oder Gebäude verstehen. In Wirklichkeit sollte das Haus nur deshalb eine Kirche heißen, weil der Haufen darin zusammenkommt; denn wir, die zusammenkommen, machen und nehmen uns einen besonderen Raum und geben dem Haus nach dem Haufen einen Namen. Somit heißt das Wörtlein »Kirche« eigentlich nichts anderes als eine allgemeine Versammlung; und zwar ist es seiner Herkunft nach nicht deutsch, sondern griechisch wie auch das Wort »ecclesia«. Die Griechen heißen es nämlich in ihrer Sprache »kyria«, wonach man es auch lateinisch curia nennt. Darum sollte es auf recht Deutsch und in unserer Muttersprache heißen: »eine christliche Gemeinde oder Versammlung«, oder am allerbesten und klarsten: »eine heilige Christenheit«.

Die Kirche ist eine Gemeinde der Heiligen

Ebenso müßte auch das Wort »communio«, das darangehängt ist, nicht »Gemeinschaft«, sondern »Gemeinde« heißen. Es ist [nämlich] nichts anderes als die Glosse oder die Auslegung, womit jemand hat verdeutlichen wollen, was die »christliche Kirche« heiße. Daraus haben die Unseren, die weder lateinisch noch deutsch gekonnt haben, »Gemeinschaft der Heiligen« gemacht, was doch die deutsche Sprache nirgends so sagt und versteht. Wollte man aber recht Deutsch reden, so müßte es heißen: »eine Gemeinde der Heiligen«, d.h. eine Gemeinde, in der lauter Heilige sind, oder noch klarer: »eine heilige Gemeinde«. Das sage ich dazu, daß man die Worte verstehe; es ist nun einmal so als Gewohnheit eingerissen, daß es schwerlich wieder herauszureißen ist, und es soll gleich eine Ketzerei sein, wenn man nur *ein* Wort ändert.

Wir sind durch den Heiligen Geist Glieder am einen Leib Christi geworden

Das ist aber die Meinung und der zusammenfassende Inhalt dieses Zusatzes: Ich glaube, daß es ein heiliges Häuflein und eine [heilige] Gemeinde auf Erden gibt, aus lauter Heiligen unter *einem* Haupt, Christus, durch den Heiligen Geist zusammenberufen, in *einem* Glauben, Sinn und Verständnis; mit mancherlei Gaben, jedoch einträchtig in der Liebe, ohne Rotten und Spaltung. Von dieser [Gemeinde] bin ich auch ein Stück und Glied, aller Güter, die sie hat, bin ich teilhaftig und Mitgenosse. Durch den Heiligen Geist bin ich in sie gebracht und ihr einverleibt dadurch, daß ich Gottes Wort gehört habe und immer noch höre; damit nämlich muß es anfangen, wenn man hineinkommen will. Denn vorher, ehe wir zu [dieser Gemeinde] gekommen sind, sind wir ganz [Eigentum] des Teufels gewesen als solche, die von Gott und von Christus nichts gewußt haben. So bleibt der Heilige Geist bei der heiligen Gemeinde oder Christenheit bis auf den Jüngsten Tag; durch sie holt er uns heran und sie gebraucht er dazu, das Wort zu führen und zu treiben. Dadurch bewirkt und mehrt er die Heiligung, damit wir täglich zunehmen und stark werden im Glauben und seinen Früchten, die er schafft.

Die Kirche ist der Ort der Vergebung, die durch Wort und Sakrament vermittelt wird

Sodann glauben wir weiter, daß wir in der Christenheit Vergebung der Sünden haben. Das geschieht durch die heiligen Sakramente und durch die Absolution (Lossprechung von Schuld), auch durch allerlei Trostsprüche im ganzen Evangelium. Hierher gehört darum alles, was von den Sakramenten zu predigen ist, und überhaupt das ganze Evangelium und alle Ämter der Christenheit. Auch hier ist es nötig, daß dies ohne Unterlaß fortgehe; denn obwohl Gottes Gnade durch Christus erworben und die Heiligkeit durch den Heiligen Geist gemacht ist durch Gottes Wort innerhalb der Vereinigung der christlichen Kirche, so sind wir doch niemals ohne Sünde unseres Fleisches wegen, das wir immer noch am Hals tragen. Darum ist alles in der Christenheit dazu bestimmt, daß man da täglich durch Wort und Zeichen lauter Vergebung der Sünden hole, um unser Gewissen zu trösten und aufzurichten, solange wir hier leben. So macht es der Heilige Geist, daß, obgleich wir Sünde haben, sie uns [doch] nicht schaden kann. Denn wir leben in der Christenheit, in der lauter Vergebung der Sünden ist, in dem doppelten Sinn, daß uns Gott vergibt, und daß wir uns untereinander vergeben, tragen und aufhelfen. Außerhalb der Christenheit aber, wo das Evangelium nicht ist, da ist auch keine Vergebung, wie auch keine Heiligkeit da sein kann. Darum haben sich alle die selber hinausgeworfen und abgesondert, die nicht durchs Evangelium und durch die Vergebung der Sünden, sondern durch ihre eigenen Werke Heiligkeit suchen und verdienen wollen.

Die angefangene Heiligkeit wird durch den Heiligen Geist einst vollendet

Unterdessen aber, weil die Heiligkeit angefangen hat und täglich zunimmt, warten wir darauf, daß unser Fleisch hingerichtet und mit allem Unflat verscharrt werde, aber herrlich hervorkomme und auferstehe zu ganzer und völliger Heiligkeit in einem neuen, ewigen Leben. Denn jetzt bleiben wir halb und halb rein und heilig, damit der Heilige Geist immer an uns arbeitet durch das Wort und täglich Vergebung austeilt bis in jenes Leben, wo es keine Vergebung mehr geben wird, sondern ganz und gar reine und heilige Menschen: voller Frömmigkeit und Gerechtigkeit, der Sünde, dem Tode und allem Unglück entnommen und ledig [von ihnen], in einem neuen, unsterblichen und verklärten Leib. Sieh, das alles soll des Heiligen Geistes Amt und Werk sein: auf Erden fängt er die Heiligkeit an und mehrt sie täglich durch die zwei Stücke, die christliche Kirche und die Vergebung der Sünde; wenn wir aber verwesen, wird er in einem Augenblick es ganz vollführen und uns ewig dabei erhalten durch die letzten zwei Stücke. Daß aber hier »Auferstehung des Fleisches« steht, das ist auch nicht gut Deutsch geredet. Denn wenn wir Deutschen »Fleisch« hören, denken wir nicht weiter als an die Fleischerläden. Auf recht Deutsch aber würden wir so sagen: »Auferstehung des Leibes oder Leichnams«. Doch kommt darauf nicht viel an, wenn man nur die Worte recht versteht.

Das Werk der Heiligung ist im Unterschied zum Werk der Schöpfung und Erlösung noch nicht abgeschlossen

Das ist nun derjenige Artikel, der immerfort wirksam sein und bleiben muß. Denn die Schöpfung haben wir nun hinter uns, ebenso ist auch die Erlösung ausgerichtet; aber der Heilige Geist treibt sein Werk ohne Unterlaß bis zum Jüngsten Tag. Dazu verordnet er auf Erden eine Gemeinde, durch die er alles redet und tut. Denn er hat seine Christenheit noch nicht vollständig zusammengebracht und hat die Vergebung noch nicht ganz ausgeteilt. Darum glauben wir an den, der uns täglich durch das Wort herzuholt und der durch dasselbe Wort und durch die Vergebung der Sünden den Glauben gibt, mehrt und stärkt, um uns dann, wenn das alles ausgerichtet ist und wir dabei bleiben, der Welt und allem Unglück absterben, endlich völlig und ewig heilig zu machen. Darauf warten wir jetzt im Glauben durchs Wort.

ABSCHLUß DER DREI GLAUBENSARTIKEL

Die drei Glaubensartikel machen den tiefsten Abgrund der Liebe Gottes offenbar

Sieh, da hast du das ganze göttliche Wesen, Willen und Werk mit ganz kurzen und doch reichen Worten aufs allerfeinste abgemalt. Darin besteht unsere ganze Weisheit, die über alle Weisheit, Sinn und Vernunft von Menschen hinausgeht und schwebt. Denn obwohl alle Welt mit allem Fleiß darnach getrachtet hat, was doch Gott sei und was er im Sinne habe und tue, so hat sie doch nichts von alledem jemals zu erlangen vermocht. Hier aber hast du es alles aufs allerreichlichste. Denn hier, in allen drei Artikeln, hat er den tiefsten Abgrund seines väterlichen Herzens und seiner ganz unaussprechlichen Liebe selbst geoffenbart und aufgetan. Denn er hat uns eben dazu geschaffen, um uns zu erlösen und zu heiligen, und außer dem, was er uns alles gegeben und eingeräumt hat, was im Himmel und auf Erden ist, hat er uns auch noch seinen Sohn und seinen Heiligen Geist gegeben, um uns durch sie zu sich zu bringen. Denn wir könnten, wie oben erklärt, nimmermehr dazu kommen, des Vaters Huld und Gnade zu erkennen, ohne durch den Herrn Christus. Er ist ein Spiegel des väterlichen Herzens; ohne ihn würden wir nichts als einen zornigen und schrecklichen Richter sehen. Von Christus aber könnten wir auch nichts

wird euch gegeben usw. Denn ein jeder, der da bittet, der empfängt.« Das sollte doch unser Herz dazu erwecken und entzünden, mit Lust und Liebe zu beten, weil er mit seinem Worte bezeugt, unsere Gebete gefallen ihm herzlich wohl, dazu sollen sie gewiß erhört und gewährt sein; denn wir sollen es nicht verachten noch in den Wind schlagen und aufs Ungewisse beten. Das kannst du ihm vorhalten, indem du sprichst: »Hier komme ich, lieber Vater, und bitte, nicht infolge meines eigenen Wunsches oder auf meine eigene Würdigkeit hin, sondern auf dein Gebot und deine Verheißung hin, die mir nicht unerfüllt bleiben noch lügen kann.« Wer nun dieser Verheißung nicht glaubt, soll abermals wissen, daß er Gott erzürnt, da er ihn aufs höchste entehrt und Lügen straft.

Außerdem hat uns Gott selber ein ihm wohlgefälliges Gebet gegeben

Überdies soll uns auch das locken und ziehen, daß Gott außer dem Gebot und der Verheißung uns zuvorkommt und selber die Worte und Weise dazu angibt und uns in den Mund legt, wie und was wir beten sollen. Wir sollen daraus sehen, wie herzlich er sich unserer Not annimmt, und gewiß nicht daran zweifeln, daß dieses Gebet (das Vaterunser) ihm wohlgefällig sei und gewiß erhört werde. Das ist ein ganz großer Vorzug vor allen andern Gebeten, die wir selber ausdenken könnten. Denn da würde das Gewissen immer im Zweifel sein und sagen: »Ich habe gebetet, aber wer weiß, wie es ihm gefällt, oder ob ich Maß und Weise recht getroffen habe?« Darum ist auf Erden kein edleres Gebet zu finden [als das Vaterunser], weil es ein so treffliches Zeugnis dafür hat, daß Gott es herzlich gerne hört; dafür sollten wir [aller] Welt Gut nicht nehmen.

Das Gebet ist vor allem Bittgebet und Notgebet. Ein Gebet, das nichts von Gott haben und nehmen will, sondern Gott etwas geben will, ist kein Gebet

Und auch darum ist es uns so vorgeschrieben, daß wir die Not sehen und bedenken, die uns dringen und zwingen soll, ohne Unterlaß zu beten. Denn wer da bitten will, der muß etwas vorbringen, vortragen und nennen, wonach er begehrt; andernfalls kann es kein Gebet heißen. Darum haben wir mit Recht das Beten der Mönche und Priester verworfen, die Tag und Nacht mörderisch heulen und murmeln, ohne daß einer von ihnen daran dächte, auch nur um ein Haarbreit zu bitten. Und wenn man alle Kirchen samt den Geistlichen zusammenbrächte, so müßten sie bekennen, daß sie nie von Herzen auch nur um ein Tröpflein Wasser gebeten haben. Denn keiner von ihnen hat jemals sich vorgenommen, aus Gehorsam gegen Gott und im Glauben an die Verheißung zu beten; es hat auch keiner irgendeine Not dabei ins Auge gefaßt, sondern sie waren im besten Fall auf nichts weiter bedacht, als ein gutes Werk zu tun, um Gott damit zu bezahlen, als die, die nicht von ihm nehmen, sondern nur ihm geben wollten.

Das echte Gebet ist ein Notschrei, wie das Vaterunser zeigt

Wenn aber ein Gebet recht sein soll, so muß es damit ernst sein, daß man seine Not fühlt, und [zwar] eine solche Not, die uns drückt und zum Rufen und Schreien treibt. So geht dann das Gebet von selbst so, wie es gehen soll, so daß man keine Belehrung darüber braucht, wie man sich darauf vorbereiten und [daraus] Andacht schöpfen soll. Die Not aber, die uns selbst wie auch jedermann gegenüber angelegen sein lassen soll, wirst du reichlich genug im Vaterunser finden; deshalb soll es auch dazu dienen, daß man sich ihrer daraus erinnere, sie betrachte und zu Herzen nehme, damit wir nicht lässig werden im Beten. Denn wir haben alle genug an dem, was uns mangelt; der Fehler liegt aber daran, daß wir's nicht fühlen und sehen. Deshalb will Gott auch haben, daß du diese [deine] Not und Anliegen klagst und vorbringst, nicht als ob er es nicht wüßte, sondern damit du dein Herz entzündest, desto stärker und mehr zu begehren, und den Mantel nur weit ausbreitest und auftust, um viel zu empfangen.

Wir müssen lernen, täglich unsere und die Not anderer Menschen im Gebet vor Gott zu bringen

Darum sollten wir uns von Jugend auf daran gewöhnen, täglich zu beten, ein jeder für all seine [eigene] Not, wo er nur etwas fühlt, das ihn stößt und auch für die Not anderer Leute, unter denen er ist, z.B. für Prediger, Obrigkeit, Nachbarn, Gesinde; und dabei sollten wir immer, wie schon gesagt, Gott sein Gebot und seine Verheißung vorhalten und wissen, daß er's nicht verachtet haben will. Das sage ich deshalb, weil ich gerne wollte, daß man dies wieder in die Leute hineinbrächte, damit sie recht beten lernten und nicht so roh und kalt hingehen; denn davon werden sie täglich ungeschickter zum Beten. Das will freilich der Teufel auch haben, und er hilft mit allen Kräften dazu; denn er fühlt wohl, was für Leid und Schaden es ihm antut, wenn das Beten recht im Schwange ist.

Das Gebet ist eine eiserne Mauer, die uns vor teuflischen Mächten schützt

Denn das sollen wir wissen, daß all unser Schirm und Schutz allein im Gebet besteht. Denn gegenüber dem Teufel samt seiner Macht und seinem Anhang, die sich wider uns legen, sind wir viel zu schwach, so daß sie uns wohl mit den Füßen zertreten könnten. Darum müssen wir [das] bedenken und zu den Waffen greifen, mit denen die Christen gerüstet sein sollen, um wider den Teufel zu bestehen. Denn was, meinst du, hat bisher so etwas Großes ausgerichtet und hat das Ratschlagen und Vorhaben, den Mord und Aufruhr unsrer Feinde abgewehrt oder gedämpft, wodurch der Teufel uns samt dem Evangelium zu unterdrücken gedacht hat, wenn nicht die Gebete einiger frommer Leute als eine eiserne Mauer auf unsrer Seite dazwischengekommen wären? Sie hätten sonst selber ein sehr viel anderes Spiel mitansehen müssen: daß nämlich der Teufel ganz Deutschland in seinem eigenen Blut verderbt hätte. Jetzt aber können sie getrost darüber lachen und ihren Spott damit haben; wir aber wollen dennoch sowohl ihnen als auch dem Teufel gegenüber allein durch das Beten Manns genug sein, wenn wir nur fleißig damit anhalten und nicht lässig werden. Denn wo irgend ein frommer Christ bittet: »Lieber Vater, laß doch deinen Willen geschehen«, so spricht er droben: »Ja, liebes Kind, es soll so sein und geschehen, dem Teufel und aller Welt zum Trotz.«

Das äußerliche Plappern hat nichts mit wirklichem Beten zu tun

Das sei nun zur Vermahnung gesagt, daß man vor allen Dingen das Gebet groß und teuer achten lerne und einen rechten Unterschied zu machen wisse zwischen dem Plappern und dem etwas Bitten. Denn wir verwerfen mitnichten das Beten, sondern nur das ganz unnütze Geheule und Gemurmel verwerfen wir, wie auch Christus selber langes Gewäsch verwirft und verbietet.

Nun wollen wir das Vaterunser aufs kürzeste und klarste behandeln. Da sind nun in sieben Artikeln oder Bitten der Reihe nach alle Nöte zusammengefaßt, womit wir ohne Unterlaß zu tun haben; und [zwar] ist eine jede so groß, daß sie uns dazu treiben müßte, unser Leben lang ihretwegen zu bitten.

DIE ERSTE BITTE

Geheiligt werde dein Name

Gottes Vatername, der an sich heilig ist, wird durch unseren Gebrauch entheiligt, der wir sein Fleisch und Blut und seine Kinder sind

Das ist nun ein etwas finsterer Ausdruck und kein gutes Deutsch. Denn in unserer Muttersprache würden wir so sagen: »Himmlischer Vater, hilf, daß nur dein Name heilig sein möge.« Was bedeutet nun die Bitte, daß sein Name heilig werde? Ist er denn nicht schon vorher heilig? Antwort: Ja, er ist allezeit heilig in seinem Wesen, aber in unserem Gebrauch ist er nicht heilig. Denn Gottes Name ist uns gegeben, seitdem wir Christen geworden und getauft sind, so daß wir Gottes Kinder heißen und die Sakramente haben, durch die er uns sich einverleibt hat. Somit soll alles, was Gott gehört, zu unserem Gebrauch dienen.

Als Gottes Kinder sind wir verpflichtet, seinem Vaternamen in der Welt Ehre zu machen

Das ist nun die große Not, wofür wir am meisten Sorge tragen sollen, daß dieser Name seine Ehre bekomme und heilig und hehr gehalten werde als unser höchster Schatz und Heiligtum, das wir haben, und daß wir als die frommen Kinder darum bitten, sein Name, der im Himmel ohnedies heilig ist, möchte auch auf Erden bei uns und in aller Welt heilig sein und bleiben. Wie wird er nun unter uns heilig? Antwort so deutlich, als man es sagen kann. Wenn sowohl unsere Lehre als auch unser Leben göttlich und christlich ist. Denn weil wir in diesem Gebet Gott unseren Vater heißen, so sind wir es schuldig, uns allenthalben wie die frommen Kinder zu verhalten und einzustellen, damit er von uns nicht Schande, sondern Ehre und Preis habe.

Sein Name wird durch Worte und Werke entehrt, wenn durch ihn etwa Irrlehren und Lügen bemäntelt werden, oder durch das öffentliche Ärgernis, das der Lebenswandel der Christen erregt

Nun wird [Gott] von uns entweder mit Worten oder mit Werken verunheiligt. Denn alles, was wir auf Erden machen, muß entweder ein Wort oder ein Werk, ein Reden oder ein Tun sein. Erstens also, wenn man unter Gottes Namen etwas predigt, lehrt und redet, was doch falsch und verführerisch ist, so daß sein Name die Lügen schmücken und verkaufen muß. Das ist nun die größte Schande und Unehre für den göttlichen Namen; weiter [geschieht das] auch dort, wo man gröblich den heiligen Namen zum Schanddekkel nimmt mit Schwören, Fluchen, Zaubern usw. Zweitens auch durch offenkundiges böses Leben und Tun, wenn die, die Christen und Gottes Volk heißen, Ehebrecher, Säufer, geizige Wänste, Neider und Verleumder sind; da muß wieder Gottes Name um unsretwillen mit Schanden dastehen und sich verlästern lassen. Ist es doch auch für einen leiblichen Vater eine Schande und Unehre, wenn er ein böses, ungeratenes Kind hat, das mit Worten und Werken wider ihn handelt, so daß er um seinetwillen sich verachten und schmähen lassen muß. So gereicht es auch Gott zur Unehre, wenn wir, die wir nach seinem Namen genannt sind und allerlei Güter von ihm haben, anders lehren, reden und leben, als sich's für fromme und himmlische Kinder gehört; dann muß er hören, daß man von uns sagt, wir müßten nicht Gottes, sondern des Teufels Kinder sein.

Wir sollen den Namen Gottes in Worten und Werken nützlich gebrauchen zu seinem Lobpreis und seiner Ehre

Du siehst also, daß wir in diesem Stück gerade um das bitten, was Gott im zweiten Gebot fordert, nämlich, daß man seinen Namen nicht mißbrauche zum Schwören, Fluchen, Lügen, Trügen usw., sondern daß man ihn nützlich gebrauche zu Gottes Lob und Ehre. Denn wer Gottes Namen zu irgend einer Untugend gebraucht, der entheiligt und entweiht diesen heiligen Namen, wie man früher eine Kirche dann entweiht hieß, wenn ein Mord oder ein anderes Bubenstück in ihr begangen worden war, oder wenn man eine Monstranz oder eine Reliquie verunehrte; da ging es um etwas, das wohl an und für sich heilig war und doch durch den Gebrauch verunheiligt wurde. Somit ist dieses Stück leicht und klar, wenn man nur den Sprachgebrauch versteht: daß »heiligen« soviel heißt als in unserer Sprechweise loben, preisen und ehren«, sowohl mit Worten als auch mit Werken.

Diese Bitte ist besonders wichtig im Blick auf die Verfälschung und Verfolgung des Evangeliums

Da sieh nun, wie hochnötig diese Bitte ist. Wir sehen ja, wie die Welt so voll ist von Rotten und falschen Lehren, die alle den heiligen Namen zum Deckel und zum Vorwand für ihre Teufelslehre [im Mund] führen; darum sollten wir mit Recht ohne Unterlaß [zu Gott] schreien und rufen gegen alle derartigen Leute, sowohl gegen die, die falsch predigen und glauben, als auch gegen alles, was unser Evangelium und unsre reine Lehre anficht, verfolgt und dämpfen will, wie Bischöfe, Tyrannen, Schwärmer usw. Ebenso [haben wir] auch für uns selber [zu bitten], die wir zwar Gottes Wort haben, aber nicht dankbar dafür sind, nicht darnach leben wie wir sollen. Wenn du nun das von Herzen bittest, so kannst du [dessen] gewiß sein, daß es Gott wohlgefällt. Denn er wird nichts lieber hören, als daß seine Ehre und Lobpreis vor allem und über alles gehen, und sein Wort rein gelehrt und teuer und wert gehalten werden möchte.

DIE ZWEITE BITTE

Dein Reich komme

Gottes Reich, das ohne unser Bitten kommt, soll auch zu uns kommen

Wir haben in der ersten Bitte um das gebetet, was Gottes Ehre und Namen betrifft: Gott möge [dem] wehren, daß die Welt nicht ihre Lügen und ihre Bosheit [mit seinem Namen] schmücke, sondern ihn mit Lehre und Leben hehr und heilig halte, damit er an uns gelobt und gepriesen werde. Dementsprechend bitten wir hier, daß auch sein Reich kommen solle. Aber wie Gottes Name an und für sich schon heilig ist und wir dennoch bitten, daß er bei uns heilig sei, so kommt auch sein Reich ohne unser Bitten von selbst, und trotzdem bitten wir, daß es zu uns komme. D.h. es möge unter uns und bei uns sich auswirken, so daß wir auch ein Stück von denen seien, unter denen sein Name geheiligt wird und sein Reich im Schwange ist.

Gottes Reich kommt durch Christus, der uns von Teufel, Sünde, Tod und bösem Gewissen befreit hat. Der Heilige Geist eignet es uns zu

Was heißt nun Gottes Reich? Antwort: nichts anderes, als was wir oben im Glaubensbekenntnis [schon] gehört haben: Gott hat seinen Sohn Christus, unsern Herrn, in die Welt geschickt, damit er uns von der Gewalt des Teufels erlöse und freimache und uns zu sich bringe und regiere als ein König der Gerechtigkeit, des Lebens und der Seligkeit wider Sünde, Tod und böses Gewissen. Dazu hat er auch seinen heiligen Geist gegeben, der uns durch sein heiliges Wort das herzubrächte und durch seine Kraft uns im Glauben erleuchte und stärke. Deshalb bitten wir nun hier in erster Linie, dies möchte bei uns kräftig werden und so sein Name durch das heilige Wort Gottes und durch christliches Leben gepriesen werden; sowohl daß wir, die wir es angenommen haben, dabei bleiben und täglich zunehmen, als auch, daß es bei anderen Leuten Zustimmung und Anhang gewinnen und gewaltig durch die Welt gehen möge, damit viele von ihnen, durch den Heiligen Geist herzugebracht, zum Gnadenreich kommen und der Erlösung teilhaftig werden. So sollen wir dann allesamt in *einem* Königreich von jetzt angefangen ewig bleiben.

Gottes Reich kommt schon jetzt durch Wort und Glaube, einst aber in seiner Vollendung, wenn das Reich des Teufels gänzlich zerstört wurde

Denn das »Kommen von Gottes Reich zu uns« geschieht auf zweierlei Weise: Einmal hier zeitlich durch das Wort und den Glauben, sodann ewig durch die Offenbarung [bei der Wiederkunft Christi]. Nun bitten wir um das beides: daß es zu denen kommen möchte, die noch nicht darinnen sind, und zu uns, die wir es schon bekommen haben, durch tägliches Zunehmen und künftig im ewigen Leben. Das alles will nichts anderes als soviel sagen: »Lieber Vater, wir bitten, gib uns erstens dein Wort, daß das Evangelium durch die Welt hindurch rechtschaffen gepredigt werde; zweitens gib, daß es auch durch den Glauben angenommen werde, in uns wirke und lebe; daß so dein Reich unter uns durch das Wort und die Kraft des Heiligen Geistes im Gange sei, und des Teufels Reich eine Niederlage erfährt, daß er kein Recht und keine Gewalt mehr über uns habe, solange, bis es schlußendlich ganz zerstört und Sünde, Tod und Hölle vertilgt wird, daß wir dann ewig leben in voller Gerechtigkeit und Seligkeit.«

Mit seinem Reich schenkt uns Gott alles, was er hat. Wir entehren Gott, wenn wir ihm diese alle Grenzen unserer Vorstellung überschreitende neue Welt nicht zutrauen

Daraus siehst du, daß wir hier nicht um ein kleines Almosen oder um ein zeitliches, vergängliches Gut bitten, sondern um einen ewigen, überschwenglichen Schatz, und [zwar] um alles, was Gott selber besitzt. Das ist [freilich] viel zu groß, als daß ein menschliches Herz sich's einfallen lassen dürfte, solches zu begehren, wenn er nicht selbst es geboten hätte, darum zu bitten. Aber weil er Gott ist, will er auch die Ehre haben, daß er viel mehr und reichlicher gibt als jemand begreifen kann, als ein ewiger, unvergänglicher Quell, der je mehr er ausfließt und überfließt, desto mehr von sich gibt. Er begehrt von uns nichts Höheres, als daß man viele und große Dinge von ihm erbittet, und umgekehrt zürnt er, wenn man nicht getrost bittet und fordert. Denn es ist wie wenn der reichste, mächtigste Kaiser einen armen Bettler um alles bitten hieße, was er nur begehren möchte, und bereit wäre, ihm ein großes, kaiserliches Geschenk zu geben, der Narr aber würde nicht mehr als eine Bettelsuppe erbetteln: dann hielte man diesen verdientermaßen für einen Schelm und Bösewicht, der mit dem Befehl der kaiserlichen Majestät seinen Hohn und Spott treibe und nicht wert sei, ihm vor die Augen zu kommen. Ebenso gereicht es auch Gott zu großer Schmach und Unehre, wenn wir, denen er soviel unaussprechliche Güter anbietet und zusagt, das verachten oder uns nicht getrauen, es zu empfangen, und kaum um ein Stück Brot zu bitten uns unterwinden. Das alles ist die Schuld des schändlichen Unglaubens, der nicht soviel Gutes von Gott erhofft, daß er ihm den Bauch ernähren werde; geschweige denn, daß er solche ewigen Güter von Gott erwarten würde, ohne daran zu zweifeln.

Deshalb sollen wir uns dagegen stärken und dies das Erste sein lassen, um was wir bitten; dann wird man sicherlich auch alles andere reichlich bekommen, wie Christus lehrt: »Trachtet am ersten nach dem Reich Gottes, so soll euch solches alles zufallen.« Denn wie sollte er uns an zeitlichem Mangel leiden und darben lassen, wo er doch das Ewige und Unvergängliche uns verheißt?

DIE DRITTE BITTE

Dein Wille geschehe, wie im Himmel, so auf Erden

Der Sinn dieser Bitte: Wir sollen uns nicht wieder wegnehmen lassen, was wir durch die erste und zweite Bitte bekommen haben

Bisher haben wir gebetet, daß Gottes Name von uns geehrt werde und sein Reich unter uns in Kraft sei. In diesen zwei Punkten ist alles inbegriffen, was Gottes Ehre und unsere Seligkeit belangt; daß wir nämlich Gott samt allen seinen Gütern zu eigen kriegen. Aber hier entsteht ja nun die große Not, daß wir das festhalten und uns nicht davon wegreißen lassen. Es ist wie bei einem guten [staatlichen] Regiment: da müssen nicht bloß solche da sein, die es aufbauen und wohl regieren, sondern auch solche, die sich dafür wehren, es schützen und fest darüber wachen. So auch hier: Da haben wir zwar schon um das höchst Notwendige gebeten, um das Evangelium, den Glauben und den Heiligen Geist, daß der uns regiere, nachdem wir aus des Teufels Gewalt erlöst sind; aber nun müssen wir auch darum bitten, daß [Gott] seinen Willen geschehen lasse. Denn wenn wir dabei bleiben sollen, wird es sich gar wunderlich anlassen: wir werden deswegen viele Stöße und Püffe erleiden müssen von allen denen, die sich unterstehen, die zwei vorhergehenden Stücke zu hindern und zu wehren.

Der Teufel bietet all seine Macht auf, um uns wieder von Gott zu trennen

Niemand glaubt ja, wie sich der Teufel dem zuwidersetzt und sperrt. Denn er kann es nicht ertragen, daß jemand recht lehrt oder glaubt, und es tut ihm über die Maßen weh, wenn er seine Lügen und Greuel, die unter dem schönsten Schein göttlichen Namens geehrt wurden, aufgedeckt lassen und er mit allen Schanden dastehen muß, und wenn er dazu aus dem Herzen getrieben wird und einen solchen Riß in seinem Reich geschehen lassen soll. Darum tobt und wütet er als ein zorniger Feind mit all seiner Macht und Kraft: er zieht alles, was ihm untersteht, zu sich; dazu nimmt er die Welt und unser eigenes Fleisch zu Hilfe. Denn unser Fleisch ist an und für sich faul und zum Bösen geneigt, auch wenn wir Gottes Wort angenommen haben und glauben; die Welt aber ist arg und böse. Da hetzt er auf, bläst und schürt, um uns zu hindern, uns zu sich zurückzutreiben, zu Fall zu bringen und wieder unter seine Gewalt zu zwingen. Darauf geht all sein Wille, Sinn und Denken; darnach trachtet er Tag und Nacht, und keinen Augenblick ist er müßig; er gebraucht dazu alle Künste, Tücken, Weisen und Wege, die er [nur] immer erdenken kann.

Zum Glauben gehört die Fähigkeit, zu leiden und loszulassen

Darum müssen wir uns, wenn wir Christen sein wollen, mit Gewißheit darauf gefaßt machen und damit rechnen, daß wir den Teufel samt all seinen Engeln und die Welt zu Feinden haben, die uns alle Unglück und Herzeleid zufügen. Denn wo Gottes Wort gepredigt, angenommen oder geglaubt wird und Frucht schafft, da soll das liebe, heilige Kreuz auch nicht ausbleiben. Und es denke nur niemand, daß er Frieden haben werde, sondern daß er dransetzen müsse, was er auf Erden hat: Gut, Ehre, Haus und Hof, Weib und Kind, Leib und Leben. Das tut nun unserem Fleisch und alten Adam wehe; denn da heißt es, standhalten und mit Geduld leiden, wie man uns angreift, und fahren zu lassen, was man uns nimmt.

Sein Wille, der auch ohne unser Bitten geschieht, soll in uns geschehen

Darum ist es eine ebenso große Not wie bei allen andern Stücken, daß wir ohne Unterlaß bitten: »Lieber Vater, dein Wille geschehe, nicht der Wille des Teufels und unserer Feinde und nichts von dem, was dein heiliges Wort verfolgen und dämpfen oder dein Reich hindern will. Und gib uns, daß wir alles, was darüber zu leiden ist, mit Geduld ertragen und überwinden, daß unser armes Fleisch nicht aus Schwachheit oder Trägheit weiche und abfalle.«

Sieh, so haben wir in diesen drei Stücken in der einfachsten Weise die Not, die Gott selbst betrifft [zusammengefaßt]; jedoch alles um unsretwillen. Denn es gilt allein uns, was wir bitten; insofern nämlich, als wie gesagt das auch in uns geschehen soll, was ohnehin, auch abgesehen von uns, geschehen muß. Denn wie sein Name geheiligt werden und sein Reich kommen muß auch ohne unser Bitten, so muß auch sein Wille geschehen und durchdringen, wenngleich der Teufel mit all seinem Anhang sehr dagegen rumoren, zürnen und toben und sie sich unterstehen, das Evangelium ganz auszutilgen. Aber um unsretwillen müssen wir bitten, daß sein Wille auch unter uns gegen dieses ihr Toben unverhindert sich auswirke, damit sie nichts schaffen können und wir wider alle Gewalt und Verfolgung fest dabeibleiben und diesen Willen Gottes uns gefallen lassen.

Diese dritte Bitte ist eine unüberwindliche Schutzmauer gegen die Feinde des Evangeliums

Dieses Gebet soll nun jetzt unser Schutz und unsere Wehr sein, um damit alles zurückzuschlagen und niederzulegen, was der Teufel, Bischöfe, Tyrannen und Ketzer gegen unser Evangelium vermögen. Laß sie allzumal zürnen und ihr Höchstes versuchen, laß sie ratschlagen und beschließen, wie sie uns dämpfen und ausrotten wollen, damit ihr Wille und Rat sich durchsetze und bestehe: Wider all das soll ein Christ oder zwei mit diesem einzigen Stück unsre Mauer sein, gegen die sie anlaufen und an der sie scheitern. Den Trost und Trotz haben wir, daß des Teufels und all unsrer Feinde Wille und Vornehmen untergehen und zunichtewerden soll und muß, wie stolz, sicher und gewaltig sie sich [auch] wissen. Denn wenn ihr Wille nicht gebrochen und gehindert würde, so könnte Gottes Reich auf Erden nicht bleiben und sein Name nicht geheiligt werden.

DIE VIERTE BITTE

Unser tägliches Brot gib uns heute

»Tägliches Brot« umfaßt alles, was zur Erhaltung des Leibes dient

Hier bedenken wir nun den armen Brotkorb, das, was unser Leib und zeitliches Leben nötig hat. Zwar ist's nur ein kurzes, einfaches Wort; es greift aber auch sehr weit um sich. Denn wenn du »tägliches Brot« sagst und darum bittest, so bittest du um alles, was dazu gehört, um das tägliche Brot zu bekommen und zu genießen; und andrerseits bittest du auch um Abwendung von allem, was das hindert. Darum mußt du deine Gedanken recht auftun und ausbreiten, nicht bloß zum Backofen oder Mehlkasten, sondern ins weite Feld und ganze Land, das das tägliche Brot und allerlei Nahrung erzeugt und uns bringt. Denn wenn Gott es nicht wachsen ließe, segnete und auf dem Lande erhielte, würden wir nie ein Brot aus dem Backofen nehmen noch auf den Tisch zu legen haben.

»Tägliches Brot« schließt alles Lebensnotwendige ein, wie es vor allem der Staat im Auftrage Gottes sichert

Um es kurz zusammenzufassen, so will diese Bitte alles das miteingeschlossen haben, was zu diesem ganzen Leben in der Welt gehört; denn allein um dessentwillen müssen wir das tägliche Brot haben. Nun gehört zum Leben nicht bloß, daß unser Leib seine Nahrung und seine Kleidung und anderen Bedarf bekomme, sondern auch, daß wir in Ruhe und Frieden mit den Leuten auskommen, mit welchen wir leben und umgehen beim täglichen Handel und Wandel und in allerlei Beziehung; kurz, es gehört alles dazu, sowohl was das häusliche und nachbarliche oder bürgerliche Wesen und Regiment belangt. Denn wo diese zwei gehindert werden, daß es bei ihnen nicht geht, wie es gehen soll, da ist auch das Lebensnotwendige gehindert, so daß es auf die Dauer nicht erhalten werden kann. Und da ist es wohl das Allernötigste, für die weltliche Obrigkeit und [ihr] Regiment zu bitten; denn durch dieses erhält uns Gott unser täglich Brot und alle Annehmlichkeiten unsres Lebens am allermeisten. Denn wenn wir auch von Gott eine Fülle von allen Gütern bekommen haben, so können wir doch keines davon behalten noch sicher und fröhlich gebrauchen, wenn er uns nicht ein beständiges, friedliches Regiment gibt. Denn wo Unfriede, Hader und Krieg ist, da ist das tägliche Brot schon genommen oder doch wenigstens gefährdet.

In das Gebet um das tägliche Brot sind vor allem die Fürsten einzuschließen, die für Ruhe und Frieden zu sorgen haben

Darum könnte man mit Recht in den Wappenschild eines jeden frommen Fürsten ein Brot setzen an Stelle eines Löwen oder eines Rautenkranzes, oder ein solches als Prägung auf die Münze schlagen, um sowohl [die Fürsten] wie die Untertanen daran zu erinnern, daß wir durch ihr Amt Schutz und Frieden haben und ohne sie das liebe Brot nicht essen noch behalten können. Darum sind sie auch aller Ehre wert, und man muß ihnen dazu geben, was wir sollen und können. Denn sie sind es, durch die wir alles, was wir haben, in Frieden und Ruhe genießen können; sonst würden wir nämlich keinen Heller behalten. Dazu soll man auch für sie beten, damit Gott uns durch ihre Vermittlung um so mehr Segen und Gutes gebe.

Was im Einzelnen mit der Bitte um das tägliche Brot gemeint ist

So sei in aller Kürze gezeigt und entworfen, wie weit dieses Gebet durch alle möglichen Verhältnisse auf Erden hindurch reicht. Daraus könnte man nun ein langes Gebet machen und mit vielen Worten alle solche Stücke, die dazu gehören, aufzählen; nämlich daß wir bitten, Gott möge uns Essen und Trinken, Kleider, Haus und Hof und gesunden Leib geben, dazu das Getreide und die Früchte auf dem Felde wachsen und wohl geraten lassen; er möge weiter auch daheim recht haushalten helfen, ein frommes Weib, Kinder und Gesinde geben und bewahren, unsre Arbeit, unser Handwerk oder was wir zu tun haben, gedeihen und gelingen lassen, uns treue Nachbarn und gute Freunde bescheren usw. Ebenso möge er dem Kaiser, König und allen Ständen und besonders unsern Landesfürsten, allen Räten, Oberherren und Amtleuten Weisheit, Stärke und Glück geben, um recht zu regieren und gegen Türken und alle Feinde zu siegen; er möge den Untertanen und dem gemeinen Haufen Gehorsam schenken und daß sie in Frieden und Eintracht miteinander leben. Andrerseits möge er uns behüten vor allem möglichen Schaden an Leib und Nahrung, vor Ungewitter, Hagel, Feuer, Wasser, Gift, Pest, Viehsterben, Krieg und Blutvergießen, teurer Zeit, schädlichen Tieren, bösen Leuten usw. Es ist gut, das alles den einfachen Leuten einzuprägen, daß dieses und dergleichen von Gott gegeben und von uns erbeten werden muß.

Diese Bitte richtet sich vor allem gegen den Teufel, der das geistliche wie das weltliche Regiment zerstören will

Vor allem aber ist dieses Gebet auch gegen unseren höchsten Feind, den Teufel, gerichtet. Denn das ist all sein Sinnen und Begehren, dies alles, was wir von Gott haben, zu nehmen oder zu hindern. Und zwar läßt er sich nicht daran genügen, daß er das geistliche Regiment (die Kirche) hindere und zerstöre, indem er die Seelen durch seine Lügen verführt und unter seine Gewalt bringt, sondern er verwehrt und hindert auch, daß irgend ein [staatliches] Regiment und ehrbare und friedliche Verhältnisse auf Erden bestehen. Da richtet er soviel Hader, Mord, Aufruhr und Krieg an, ferner Ungewitter und Hagel, um das Getreide und Vieh zu verderben, die Luft zu vergiften usw. Kurz, es ist ihm leid, wenn jemand einen Bissen Brot von Gott hat und mit Frieden ißt; und wenn es in seiner Macht stünde und nächst Gott nicht unser Gebet dem wehrte, so würden wir sicherlich keinen Halm auf dem Felde, keinen Heller im Haus, ja nicht eine

Stunde lang das Leben behalten, besonders die nicht, die Gottes Wort haben und gerne Christen sein wollten.

Wenn Gott seine Hand von der Welt abzieht, geht sie an ihrer eigenen Bosheit zugrunde

Sieh, so will uns Gott zeigen, wie er sich aller unserer Not annimmt, und so treulich auch für unsere zeitliche Nahrung sorgt; und obwohl er dies auch den Gottlosen und Spitzbuben reichlich gibt und erhält, so will er dennoch, daß wir darum bitten. Wir sollen [dadurch] erkennen, daß wir es von seiner Hand empfangen und darin seine väterliche Güte gegen uns verspüren. Denn wenn er die Hand abzieht, so kann es doch nicht schlußendlich gedeihen und erhalten werden, wie man wohl täglich sieht und fühlt. Was ist's zurzeit für eine Plage in der Welt allein mit der bösen (falschen) Münze, ja mit täglicher Beschwerung und Preisaufschlägen beim gewöhnlichen Handel, beim Kauf und bei der Arbeit von seiten derer, die nach ihrem Mutwillen die liebe Armut drücken und ihr das tägliche Brot entziehen! Wir müssen das zwar leiden; sie aber mögen sich vorsehen, daß sie nicht die Fürbitte der Gemeinde verlieren, und sich hüten, daß dies Stücklein im Vaterunser nicht gegen sie gehe.

DIE FÜNFTE BITTE

Und vergib uns unsere Schuld, wie auch wir vergeben unsern Schuldigern

Auch als Christen sündigen wir täglich und brauchen wir täglich Gottes Vergebung

Dieses Stück betrifft nun unser armes und elendes Leben. Obgleich wir Gottes Wort haben, glauben, seinen Willen tun und leiden und uns von Gottes Gabe und Segen nähren, so geht es doch nicht ohne Sünde ab. Wir straucheln noch täglich und halten nicht Maß. Denn wir leben in der Welt unter den Leuten, die uns viel zuleid tun und Ursache zu Ungeduld, Zorn, Rache usw. geben; dazu haben wir den Teufel hinter uns her, der uns auf allen Seiten zusetzt und, wie wir gehört haben, gegen alle bisher besprochenen Stücke ficht, so daß es nicht möglich ist, in solch stetem Kampfe allzeit festzustehen. Darum liegt hier abermals eine große Notwendigkeit vor, zu bitten und zu rufen: »Lieber Vater, vergib uns unsere Schuld.« Nicht als ob er nicht auch ohne und vor unserem Bitten die Sünden vergeben würde; er hat uns ja das Evangelium, in dem lauter Vergebung ist, geschenkt, ehe wir darum gebeten oder auch nur einmal darüber nachgesonnen haben. Es handelt sich aber darum, daß wir diese Vergebung erkennen und annehmen. Denn das Fleisch, in dem wir täglich leben, ist von solcher Art, daß es Gott nicht traut und glaubt und es sich immerfort regt mit bösen Lüsten und Tücken. So sündigen wir täglich mit Worten und Werken, mit Tun und Lassen. Davon kommt das Gewissen in Unfrieden, so daß es sich vor Gottes Zorn und Ungnade fürchtet und so den Trost und die Zuversicht, die aus dem Evangelium stammen, sinken läßt. Deshalb ist es ohne Unterlaß nötig, hierher zu laufen und Trost zu holen, um das Gewissen wieder aufzurichten.

Keiner ist besser als der andere. Jeder lebt aus dieser immer neuen Vergebung

Dies aber soll nun dazu dienen, daß uns Gott den Stolz zerbricht und uns in der Demut hält. Denn er hat sich [gegenüber unserer menschlichen Selbstgerechtigkeit] das Vorrecht vorbehalten. Wollte jemand auf seine Frömmigkeit pochen und andere verachten, so soll er sich selbst ansehen und sich dies Gebet vor Augen stellen: dann wird er finden, daß er ebensowenig fromm ist als die anderen. So müssen wir alle vor Gott die Federn niederschlagen und froh sein, wenn wir zu der Vergebung kommen; und es soll nur niemand denken, er bringe es, solange wir hier leben, dahin, daß er solcher Vergebung nicht mehr bedürfte. Kurz, wenn Gott nicht ohne Unterlaß vergibt, so sind wir verloren.

Aufgrund dieser Vergebung haben wir ein fröhliches Gewissen

So ist nun der Sinn dieser Bitte: Gott wolle unsere Sünde nicht ansehen und uns nicht vorhalten, was wir täglich verdienen, sondern er wolle mit Gnade gegen uns handeln und uns vergeben, wie er es verheißen hat, und uns so ein fröhliches und unverzagtes Gewissen geben, daß wir vor ihm stehen und ihn bitten können. Denn wenn das Herz nicht recht mit Gott steht und solche Zuversicht nicht schöpfen kann, so wird es sich niemals unterstehen, zu beten. Solch eine Zuversicht aber und solch ein fröhliches Herz kann nirgends herkommen als davon, daß es weiß, daß ihm die Sünden vergeben sind.

Wenn Gott uns vergibt, obwohl wir gegen ihn sündigen, müssen wir auch unserem Nächsten vergeben, obwohl er gegen uns sündigt

Es ist aber dabei ein nötiger und doch tröstlicher Zusatz angehängt: »Wie auch wir vergeben unsern Schuldigern.« [Gott] hat's verheißen, wir sollen sicher sein, daß uns alles vergeben und geschenkt sei, jedoch nur, sofern wir auch unserem Nächsten vergeben. Denn wie wir uns gegen Gott täglich viel zuschulden kommen lassen und er doch aus Gnaden alles vergibt, ebenso müssen auch wir unserem Nächsten immerfort vergeben, wenn er uns Schaden, Gewalt und Unrecht tut, böse Tücke beweist usw.

Gott vergibt uns aber nicht, weil wir vergeben, sondern um seiner Verheißung willen und aus Gnade

Vergibst du nun nicht, so darfst du auch nicht denken, daß dir Gott vergebe. Vergibst du aber, so hast du den Trost und die Sicherheit, daß dir im Himmel vergeben wird; nicht um deines Vergebens willen – denn Gott tut es frei umsonst aus lauter Gnade, weil er's verheißen hat, wie das Evangelium lehrt –; sondern er will uns das zur Bestärkung und Sicherheit wie zu einem Wahrzeichen neben [folgende] Verheißung hinsetzen, die mit diesem Gebet übereinstimmt, Luk 6: »Vergebet, so wird Euch vergeben!« Darum wiederholt sie auch Christus gleich nach dem Vaterunser und spricht Matth 6 »Denn wenn ihr den Menschen ihre Fehler vergebet, so wird euch euer himmlischer Vater auch vergeben« usw.

Der Zusatz »wie auch wir vergeben ...« ist ein Zeichen und Siegel, das uns Gottes Vergebung vergewissert

Ein solches Zeichen wird nun diesem Gebete deshalb mit angeheftet, daß wir, wenn wir bitten, uns dieser Verheißung erinnern und so denken: »Lieber Vater, darum komme und bitte ich, daß du mir vergebest: nicht als ob ich mit Werken Genugtuung geben oder es verdienen könnte, sondern weil du es verheißen und dieses Siegel drangehängt hast, das so gewiß sein soll, als hätte ich eine Absolution (Lossprechung), von dir selbst ausgesprochen.« Denn das, was die Taufe und das [Altar-]Sakrament, die als äußerliche Zeichen eingesetzt sind, schaffen, das vermag auch dieses Zeichen: [es vermag] unser Gewissen zu stärken und fröhlich zu machen; und es ist vor andern eben deshalb eingesetzt, damit wir's alle Stunden gebrauchen und üben können, da wir's ja allezeit bei uns haben.

DIE SECHSTE BITTE

Und führe uns nicht in Versuchung

Wir müssen Gott bitten, daß wir nicht wieder aus der Gnade herausfallen

Wir haben nun zur Genüge gehört, was für eine Mühe und Arbeit es erfordert, das alles, was man bittet, zu erhalten und dabeizubleiben, und wie es dennoch nicht ohne Gebrechen und Straucheln abgeht. Dazu kommt: auch wenn wir Vergebung und ein gutes Gewissen bekommen haben und ganz losgesprochen sind, so verhält sich's doch im Leben so, daß einer heute steht und morgen [schon] davon abfällt. Darum müssen wir, obschon wir nun fromm sind und mit gutem Gewissen Gott gegenüberstehen, abermals bitten, daß er uns nicht zurückfallen und der Anfechtung oder Versuchung weichen lasse.

Die Versuchung ist dreifachen Ursprungs, sie kommt erstens aus dem Fleisch und seinem bösen Begehren

Die Versuchung aber, oder, wie es unsere Sachsen von altersher nennen, Bekörung, ist dreifacher Art: die des Fleisches, die der Welt und die des Teufels. Im Fleische wohnen wir ja und tragen den alten Adam am Hals; der regt sich und reizt uns täglich zu Unzucht, Faulheit, Fressen und Saufen, Geiz und Täuscherei, daß wir den Nächsten betrügen und übervorteilen, und kurz, zu bösen Lüsten aller Art, wie sie uns von Natur ankleben und dazu [noch] erregt werden durch anderer Leute Gesellschaft, durch [böse] Beispiele, Hören und Sehen, welche oftmals auch ein unschuldiges Herz verwunden und entzünden.

Die Versuchung kommt zweitens durch die Welt und ihre Eitelkeit

Darnach ist es die Welt, die uns mit Worten und Werken beleidigt und zu Zorn und Ungeduld treibt; kurz, da ist nichts als Haß und Neid, Feindschaft, Gewalt und Unrecht, Untreue, [Sich] rächen, Fluchen, Schelten, Verleumden, Hoffart und Stolz, zusammen mit überflüssigem Schmuck, Ehre, Ruhm und Gewalt, weil niemand der Geringste sein, sondern jeder obenansitzen und vor jedermann gesehen sein will.

Die Versuchung kommt drittens durch den Teufel in geistlichen Dingen

Dazu kommt nun der Teufel: der hetzt und bläst auch allenthalben hinein [ins Feuer]. Aber im besonderen betreibt er, was das Gewissen und geistliche Sachen betrifft: daß man nämlich beides, Gottes Wort und Gottes Werk, in den Wind schlage und verachte. So will er uns von Glauben, Hoffnung und Liebe wegreißen und zu Mißglauben, zu falscher Vermessenheit und Verstockung, oder umgekehrt zu Verzweiflung, Verleugnung und Lästerung Gottes und zu unzähligen anderen greulichen Stücken bringen. Das sind nun die »Stricke und Netze«, ja die rechten »feurigen Pfeile«, die nicht Fleisch und Blut, sondern der Teufel aufs allergiftigste ins Herz schießt.

Diese dreifache Versuchung soll uns zu ständigem Beten veranlassen

Das sind wahrlich große, schwere Gefahren und Anfechtungen, schon wenn jede für sich allein wäre, und sie muß jeder Christ ertragen. Solange wir in dem schändlichen Leben sind, wo man uns von allen Seiten zusetzt, uns jagt und treibt, sollen wir dadurch immer angetrieben werden, alle Stunden zu rufen und zu bitten, Gott möge uns nicht matt und müde werden und nicht wieder in Sünde, Schande und Unglauben zurückfallen lassen. Denn sonst ist's unmöglich, auch nur die allergeringste Anfechtung zu überwinden.

Wir können nicht verhindern, daß wir versucht werden, aber wir können verhindern, daß wir den Versuchungen verfallen

Das »Nicht-in-Versuchung-führen« heißt nun soviel, daß Gott uns Kraft und Stärke gibt, um zu widerstehen, ohne daß jedoch die Anfechtung weggenommen und aufgehoben würde. Denn Versuchung und Reizung kann niemand umgehen, solange wir im Fleische leben und den Teufel um uns haben; und da wird nichts anders: wir müssen Anfechtung erleiden, ja sogar darin stecken. Aber dafür bitten wir, daß wir nicht hineinfallen und darin ersaufen. Darum ist es etwas ganz anderes, Anfechtung zu fühlen, als in sie einzuwilligen oder Ja dazu zu sagen. Fühlen müssen wir sie alle, wenn sie auch nicht bei allen von derselben Art, sondern bei einigen größer und schwerer ist: die Jugend vor allem vom Fleisch; sodann, was erwachsen ist und älter wird, von der Welt; die andern aber, die mit geistlichen Sachen umgehen, d.h. die starken Christen, vom Teufel. Aber solange solches Fühlen gegen unsern Willen ist und wir es lieber los wären, kann es niemand schaden; denn wenn man es nicht fühlte, könnte es keine Anfechtung heißen. Einwilligen aber bedeutet, daß man ihm den Zaum [und Zügel] überläßt, nicht widersteht noch betet.

Niemand wiege sich in Sicherheit, als käme er ohne Versuchungen aus. Nur das Gebet kann sie abwehren

Deshalb müssen wir Christen darauf gerüstet und täglich dessen gewärtig sein, daß wir ohne Unterlaß angefochten werden. Es darf also niemand so sicher und unachtsam hingehen, als sei der Teufel weit von uns, sondern wir müssen allenthalben der Streiche gewärtig sein und sie parieren. Denn wenn ich jetzt gerade auch keusch, geduldig, freundlich bin und in festem Glauben stehe, kann der Teufel mir noch in dieser Stunde einen solchen Pfeil ins Herz dringen lassen, daß ich kaum bestehen bleibe. Denn er ist ein solcher Feind, der niemals abläßt und müde wird; wenn eine Anfechtung aufhört, erheben sich immer andere und neue. Darum gibt es keinen Rat und Trost, als hierher zu laufen, um das Vaterunser zu ergreifen und von Herzen mit Gott zu reden: »Lieber Vater, du hast mich beten heißen; laß mich nicht durch die Versuchung zurückfallen.« Du wirst dann sehen, daß sie ablassen und sich schlußendlich überwunden geben muß. Sonst, wenn du es unternimmst, mit deinen Gedanken und eigenem Rat dir zu helfen, wirst du's nur ärger machen und dem Teufel mehr Raum geben. Denn er hat einen Schlangenkopf; wenn der eine Lücke findet, in die er schlüpfen kann, so geht der ganze Leib unaufhaltsam hinterher. Aber das Gebet kann ihm wehren und ihn zurücktreiben.

DIE SIEBTE BITTE

Sondern erlöse uns von dem Bösen. Amen

Mit dem Bösen ist in dieser Bitte der Teufel gemeint, der alles verhindern will, was im Vaterunser erbeten wird

Im Griechischen heißt das Sätzchen so: »Erlöse oder behüte uns von dem Argen oder Bösen«, und es sieht gerade so aus, als rede [das Vaterunser hier] vom Teufel, wie wenn alles zusammengefaßt werden sollte: daß der gesamte Inhalt des ganzen Gebetes wider diesen unseren Hauptfeind gehe. Denn dieser ist's, der all das, was wir bitten, unter uns verhindern will: Gottes Namen oder Ehre, Gottes Reich und Willen, das tägliche Brot, das fröhliche, gute Gewissen usw. Darum fassen wir das zum Schlusse zusammen und sagen: »Lieber Vater, hilf doch, daß wir dieses Unglück alles los werden.«

Der Teufel hindert nicht nur das Gute, er bringt Böses

Nichtsdestoweniger ist darin aber auch mit eingeschlossen, was uns Böses unter des Teufels Reich widerfahren kann: Armut, Schande, Tod, und kurz, all der unselige Jammer und das Herzeleid, das es auf Erden so unzählig viel gibt. Denn weil der Teufel nicht bloß ein Lügner, sondern auch ein Totschläger ist, trachtet er ohne Unterlaß auch nach unserem Leben und kühlt sein Mütlein, wo er uns zu Unfall und Schaden am Leib bringen kann. Daher kommt's, daß er manchem den Hals bricht oder ihn von Sinnen bringt, einige im Wasser ersäuft und viele dahin treibt, daß sie sich selbst umbringen, und zu vielen andern schrecklichen Fällen verleitet. Darum haben wir auf Erden nichts zu tun, als ohne Unterlaß gegen diesen Hauptfeind zu beten. Denn wenn uns Gott nicht erhielte, wären wir keine Stunde vor ihm sicher.

Die vorhergehenden Bitten sind Voraussetzung dieser letzten Bitte

Daraus siehst du, wie Gott für alles, was uns auch leiblich anficht, gebeten sein will, daß man nirgends eine Hilfe suche und erwarte als bei ihm. [Diese Bitte] aber hat er an die letzte Stelle gerückt. Denn sollen wir vor allem Übel behütet und erlöst werden, so muß vorher sein Name in uns geheiligt werden, sein Reich bei uns sein und sein Wille geschehen. Darnach, am Ende, will er uns vor Sünde und Schande behüten, und daneben vor allem, was uns wehe tut und schädlich ist.

Im »Amen« des Vaterunsers drückt sich die Erhörungsgewißheit des Betens aus

So hat uns Gott aufs kürzeste alle Not vorgelegt, die uns jemals treffen kann, und so haben wir jedenfalls keine Entschuldigung, [nicht] zu beten. Aber daran liegt alles, daß wir auch »Amen« dazu sagen lernen, d.h. nicht zweifeln, daß es gewiß erhört sei und geschehen werden. Denn [»Amen«] ist nichts anderes als das Wort eines nichtzweifelnden Glaubens, der nicht auf gut Glück betet, sondern der weiß, daß Gott nicht lügt, nachdem er's verheißen hat, zu geben. Wo nun ein solcher Glaube nicht ist, da kann auch kein rechtes Gebet sein. Darum ist's ein schädlicher Wahn bei denen, die so beten, daß sie sich nicht getrauen, von Herzen Ja dazu zu sagen und das Gebet mit der Gewißheit zu schließen, daß Gott sie erhört, sondern im Zweifel bleiben und sagen: »Wie sollte ich so kühn sein und rühmen, daß Gott mein Gebet erhöre? Bin ich doch ein armer Sünder usw.« Das rührt daher, daß sie nicht auf Gottes Verheißung, sondern auf ihre Werke und eigene Würdigkeit sehen; damit aber verachten sie Gott und strafen ihn Lügen. Deshalb empfangen sie auch nichts, wie der hl. Jakobus sagt: »Wer da betet, der bete im Glauben und zweifle nicht. Denn wer da zweifelt, der ist gleich einer Meereswoge, die vom Winde getrieben und bewegt wird; ein solcher Mensch denke nur nicht, daß er etwas von Gott empfangen werde.« Sieh, soviel ist Gott daran gelegen, daß wir dessen gewiß sein sollen, wir bitten nicht umsonst und in keiner Weise unser Gebet verachten.

DAS VIERTE HAUPTSTÜCK

Von der Taufe

Weil man ohne die Sakramente kein Christ sein kann, ist ein kurzer Unterricht über sie notwendig

Wir haben nun die drei Hauptstücke der allgemeinen christlichen Lehre durchgesprochen. Außer diesen ist noch von unsern zwei Sakramenten zu reden, die von Christus eingesetzt sind; über sie soll auch jeder Christ wenigstens einen allgemeinen, kurzen Unterricht haben, weil [man] ohne sie kein Christ sein kann; freilich hat man bisher leider nichts davon gelehrt. Als erstes aber nehmen wir uns die Taufe vor; durch sie werden wir ja am Anfang in die Christenheit aufgenommen. Damit man es aber richtig erfassen möge, wollen wir es ordentlich behandeln und uns nur bei dem aufhalten, was für uns nötig ist, zu wissen. Denn wie man es den Ketzern und Rotten gegenüber festhalten und verfechten müsse, das wollen wir den Gelehrten überlassen.

Die Einsetzungsworte Christi, auf denen die Taufe gründet

Zuerst muß man vor allen Dingen die Worte recht kennen, worauf die Taufe gegründet ist und worauf sich alles bezieht, was davon zu sagen ist, nämlich bei Matthäus am letzten, wo der Herr Christus spricht:

»Gehet hin in alle Welt, lehret alle Heiden und taufet sie im Namen des Vaters und des Sohnes und des Heiligen Geistes.« Ferner auch bei Markus im letzten Kap.: »Wer da glaubt und getauft wird, der wird selig; wer aber nicht glaubt, der wird verdammt.«

Gottes Gebot und Einsetzung macht aus einem äußerlich so unscheinbaren Vorgang wie der Taufe ein »göttlich Ding«

Bei diesen Worten sollst du dir zuerst merken, daß hier Gottes Gebot und Einsetzung dasteht. Man soll also nicht daran zweifeln, daß die Taufe ein göttlich Ding ist, das nicht von Menschen erdacht und erfunden ist. Denn ebensogut, als ich sagen kann, die zehn Gebote, das Glaubensbekenntnis und das Vaterunser habe kein Mensch in seinem Kopf ausgesponnen, sondern sie seien von Gott selbst geoffenbart und gegeben, – ebenso kann ich auch rühmen, daß die Taufe kein Menschentand ist; sondern sie ist von Gott selbst eingesetzt und dazu so ernstlich und streng geboten, daß wir uns taufen lassen müssen, wenn anders wir selig werden sollen. Man darf also nicht denken, es sei ein leichtfertig Ding wie wenn einer einen neuen roten Rock anzieht. Denn daran liegt am meisten, daß man die Taufe für etwas Vortreffliches, Herrliches und hoch halte. Um das streiten und fechten wir am allermeisten: ist doch die Welt zurzeit so voll von Rotten, die schreien, die Taufe sei ein äußerlich Ding, ein äußerlich Ding aber sei nichts nütze. Aber laß es mit dem äußerlichen Ding sich verhalten, wie es immer mag, – hier jedoch steht Gottes Wort und Gebot, das die Taufe einsetzt, begründet und bestätigt. Was aber Gott einsetzt und gebietet, das kann nicht vergeblich sein, sondern muß ein sehr köstliches Ding sein, wenn es auch seinem Aussehen nach kleiner als ein Strohhalm wäre. Hat man es bisher schon für etwas Großes halten können, wenn der Papst mit Briefen und Bullen (Erlassen) Ablaß austeilte, Altäre oder Kirchen bestätigte, bloß weil Brief und Siegel da waren, so sollen wir die Taufe für etwas viel Höheres und Köstlicheres halten, weil Gott es befohlen hat, und weil es dazu in seinem Namen geschieht. Denn so lauten die Worte: »Gehet hin, taufet«; aber nicht »in eurem«, sondern »in Gottes Namen«.

Menschenwerk ist nichts im Vergleich zu diesem Werk Gottes

Denn »in Gottes Namen getauft werden« heißt: nicht von Menschen, sondern von Gott selbst getauft werden; darum ist's, auch wenn es durch menschliche Hand geschieht, doch wahrhaftig Gottes eigenes Werk. Daraus kann leicht jeder selbst schließen, daß es viel höher ist als irgendein Werk, das von einem Menschen oder Heiligen getan wird. Denn was für Werke kann man tun, die größer wären als Gottes Werke? Aber hier macht sich der Teufel zu schaffen, um uns mit falschem Schein zu blenden und von Gottes Werk weg auf unser eigenes Werk hinzuführen. Denn das hat einen viel köstlicheren Schein, wenn ein Karthäusermönch viel schwere, große Werke tut, und alle halten mehr von dem, was wir selbst tun und verdienen. Die Heilige Schrift dagegen lehrt so: Auch wenn man aller Mönche Werke auf einen Haufen schlüge, mögen sie noch so köstlich gleißen, so wären sie doch nicht so edel und gut, als wenn Gott einen Strohhalm aufhübe. Warum? Darum, weil die Person edler und besser ist. Nun hat man hier nicht die Person nach den Werken, sondern die Werke nach der Person einzuschätzen; von dieser her müssen sie ihren Adel empfangen. Aber hier drängt sich die tolle Vernunft schnell ein, und weil es nicht so gleißt wie die Werke, die wir selber tun, so soll es nichts gelten.

Durch Gottes Wort wird aus gewöhnlichem Wasser Gotteswasser

Aus diesem [allem] lerne nun ein richtiges Verständnis zu gewinnen und zu antworten auf die Frage, was die Taufe ist. Nämlich folgendermaßen: Sie ist nicht bloß schlichtes Wasser, sondern ein Wasser, das in Gottes Wort und Gebot eingefaßt und dadurch geheiligt ist. Somit ist's nichts anderes als ein Gotteswasser; nicht weil das Wasser an und für sich edler wäre als ein anderes Wasser, sondern weil Gottes Wort und Gebot dazukommt. Darum ist es ein reines Bubenstück und ein Teufelsgespött, wenn jetzt unsere neuen Geister, um die Taufe zu lästern, Gottes Wort und Ordnung davon weglassen und auf nichts anderes dabei sehen als auf das Wasser, das man aus dem Brunnen schöpft, und wenn sie dann daher geifern: »Was sollte eine Handvoll Wasser der Seele helfen?« Ja, Lieber, wenn es [schon einmal darauf ankommen soll, beides] voneinander zu trennen, wer weiß das nicht, daß Wasser Wasser ist? Wie wagst du aber, so in Gottes Ordnung einzugreifen und das beste Kleinod davon wegzureißen, mit dem Gott [das Wasser] verbunden und eingefaßt hat und von dem er es nicht getrennt haben will? Denn das ist der Kern in diesem Wasser: Gottes Wort oder Gebot, und Gottes Name; ein Schatz, der größer und edler ist als Himmel und Erde.

Durch Gottes Wort wird das Element zum Sakrament

So begreife nun den Unterschied, daß es mit dem Taufwassser ein ander Ding ist als mit allem anderen Wasser, nicht seines natürlichen Wesens wegen, sondern weil hier etwas Edleres dazukommt: Denn Gott selbst setzt seine Ehre daran und legt seine Kraft und seine Macht darein. Darum ist es nicht bloß ein natürliches Wasser, sondern ein göttliches, himmlisches, heiliges und seliges Wasser und wie man es mehr loben kann; alles um des Wortes willen, welches ein himmlisches, heiliges Wort ist, das niemand genug preisen kann. Denn es hat und vermag alles, was Gottes ist. Daher hat es auch sein Wesen, demzufolge es ein Sakrament heißt; so hat auch der Hl. Augustin gelehrt: »Accedat verbum ad elementum et fit sacramentum«, d.h. wenn das Wort zum Element, zum natürlichen Wesen [einer Sache] hinzukommt, so wird ein Sakrament daraus, d.h. ein heiliges, göttliches Ding und Zeichen.

Das Göttliche verbirgt sich im Unscheinbaren. Gottes Wort und das Wasser dürfen nicht voneinander getrennt werden

Darum lehren wir allezeit, man solle die Sakramente und überhaupt alle äußerlichen Dinge, die Gott anordnet und einsetzt, nicht nach der groben, äußerlichen Larve ansehen, wie man bei der Nuß [nur] die Schale sieht, sondern [daraufhin], wie Gottes Wort darin eingeschlossen ist. Denn ebenso reden wir auch vom Vater- und Mutterstand und weltlicher Obrigkeit; will man diese [daraufhin] ansehen, wie sie Nasen, Augen, Haut und Haar, Fleisch und Bein haben, so sehen sie Türken und Heiden gleich, und es könnte auch jemand zufahren und sagen: »Warum sollte ich von diesem [Menschen] mehr halten als von anderen?« Weil aber das Gebot dazu kommt: »Du sollst Vater und Mutter ehren«, so sehe ich [im Vater] einen andern Mann, geschmückt und angezogen mit der Majestät und Herrlichkeit Gottes. Das Gebot – so sage ich – ist die goldene Kette, die er am Hals trägt, ja die Krone auf seinem Haupte, die mir zeigt, wie und warum man dies Fleisch und Blut ehren soll. Entsprechend und noch viel mehr sollst du die Taufe ehren und herrlich halten um des Wortes willen; denn Gott selber hat sie durch Worte wie auch durch Werke geehrt, dazu noch mit einem Wunder vom Himmel bestätigt. Meinst du denn, daß es ein Scherz war, wenn sich Christus taufen ließ, der Himmel sich auftat, der Heilige Geist sichtbar herabfuhr und lauter göttliche Herrlichkeit und Majestät da war? Deshalb ermahne ich noch einmal, man lasse die zwei, das Wort und das Wasser, beileibe nicht voneinander scheiden und trennen. Denn wenn man das Wort davon absondert, so ist's kein anderes Wasser als das, womit die Magd kocht; dann kann es mit Recht eine Badertaufe heißen. Wenn aber das Wort dabei ist, wie Gott es angeordnet hat, so ist es ein Sakrament und heißt Christustaufe. Das sei das erste Stück vom Wesen und der Würde des Sakraments.

Der Nutzen und Zweck der Taufe besteht in der Erlösung von Sünde, Tod und Teufel und im ewigen Leben mit Christus

Zweitens: Nachdem wir nun wissen, was die Taufe ist und was von ihr zu halten sei, müssen wir auch lernen, warum und wozu sie eingesetzt ist, d.h. was sie nützt, gibt und schafft. Das kann man auch nicht besser erfassen als aus den oben angeführten Worten Christi: »Wer da glaubt und getauft wird, der wird selig.« Darum fasse es aufs allereinfältigste so auf: Der Taufe Kraft, Werk, Nutzen, Frucht und Endziel ist dies, daß sie selig mache. Denn man tauft niemand dazu, daß er ein Fürst werde, sondern, wie die Worte lauten, daß er »selig werde«. »Selig werden« aber, das weiß man wohl, bedeutet nichts anderes, als von Sünde, Tod, Teufel erlöst in Christi Reich kommen und mit ihm ewig leben. Daraus siehst du abermals, wie teuer und wert die Taufe zu halten ist, weil wir diesen unaussprechlichen Schatz darin erlangen. Auch das zeigt deutlich, daß es sich nicht um ein schlichtes, bloßes Wasser handeln kann. Denn bloßes Wasser könnte so etwas nicht tun; aber das Wort tut's und [die Tatsache], daß, wie oben gesagt, Gottes Name darinnen ist. Wo aber Gottes Name ist, da muß auch Leben und Seligkeit sein, so daß es mit Recht ein göttliches, seliges, fruchtbringendes und gnadenreiches Wasser heißt. Denn durchs Wort kriegt die Taufe die Kraft, daß sie ein »Bad der Wiedergeburt« ist, wie Paulus Tit 3 sie nennt.

Der Glaube allein macht selig, aber er braucht äußerliche Zeichen, an die er sich halten kann, wie die Taufe

Nun behaupten aber unsere Überklugen, die neuen Geister, der Glaube mache allein selig, die Werke und die äußerlichen Dinge dagegen trügen nichts dazu bei. Darauf antworten wir: Das tut freilich in uns nichts [anderes] als nur der Glaube, wie wir noch im weiteren hören werden. Das aber wollen diese Blindenleiter nicht sehen, daß der Glaube etwas haben muß, was er glaubt, d.h., woran er sich hält und worauf er steht und fußt. So hängt nun der Glaube am Wasser und glaubt, daß die Taufe etwas sei, worin lauter Seligkeit und Leben ist; nicht um des Wassers willen, wie [nun] genug gesagt wurde, sondern deswegen, weil es mit Gottes Wort und Ordnung verleibt (vereinigt) ist und weil sein Name darinnen klebt. Wenn ich nun solches glaube, –

was glaube ich anderes als an Gott, weil er es ist, der sein Wort darein gegeben und gepflanzt hat und uns dieses äußerliche Ding vorlegt, in dem wir diesen Schatz ergreifen können?

Gott hat sich um des Menschen willen an sichtbare und greifbare Heilsmedien – wie die Taufe – gebunden, über die wir uns nicht erheben sollen

Nun sind sie so toll, daß sie den Glauben und das Ding voneinander scheiden, an dem der Glaube haftet und gebunden ist, obwohl es äußerlich ist. Ja, es soll und muß äußerlich sein, damit man's mit den Sinnen fassen und begreifen und dadurch ins Herz bringen könne. Ist doch das ganze Evangelium eine äußerliche, mündliche Predigt. Kurz, alles, was Gott in uns tut und wirkt, das will er durch solch äußerliche Ordnung wirken. Wo er nun redet, ja wohin und wodurch er redet, dorthin soll der Glaube sehen und daran soll er sich halten. Nun haben wir hier die Worte: »Wer da glaubt und getauft wird, der wird selig.« Worauf beziehen sie sich anders als auf die Taufe, d.h. auf das Wasser, das in Gottes Ordnung gefaßt ist? Darum folgt: wer die Taufe verwirft, der verwirft Gottes Wort, den Glauben und Christus, der uns dahin weist und an die Taufe bindet.

Nicht verdienstliche Werke, der Glaube allein empfängt die Seligkeit in der Taufe

Drittens: Nachdem wir den großen Nutzen und die Kraft der Taufe besprochen haben, so laß uns nun weiter sehen, wer die Person ist, die das empfangen soll, was die Taufe gibt und nützt. Das ist abermals aufs feinste und klarste ausgedrückt in eben diesen Worten: »Wer da glaubt und getauft wird, der wird selig«; d.h. der Glaube allein macht die Person würdig, das heilbringende göttliche Wasser nutzbringend zu empfangen. Denn weil das hier in den Worten bei und mit dem Wasser gelehrt und verheißen wird, kann es nicht anders empfangen werden, als indem wir dies von Herzen glauben. Ohne Glauben ist das Wasser nichts nütze, auch wenn es an sich selbst ein göttlicher, überschwenglicher Schatz ist. Darum vermag das einzige Wort »Wer da glaubt« soviel, daß es alle Werke ausschließt und zurückweist, die wir tun können in der Meinung, dadurch die Seligkeit zu erlangen und zu verdienen. Denn es steht fest: Was nicht Glaube ist, das trägt nichts dazu bei, empfängt auch nichts.

Die Taufe ist kein Werk, das wir tun, sondern ein Schatz, den Gott uns schenkt und den wir im Glauben ergreifen

Nun sagen sie aber wie sie die Gepflogenheit haben: »Die Taufe ist doch selber auch ein Werk; nun sagst du, die Werke seien nichts wert zur Seligkeit. Wo bleibt dann der Glaube?« Antwort: Ja, *unsere* Werke tun freilich nichts zur Seligkeit; die Taufe aber ist nicht unser, sondern Gottes Werk. Du wirst ja, wie gesagt, einen ganz großen Unterschied machen müssen zwischen der Christustaufe und der Badertaufe. Gottes Werke aber sind heilschaffend und nötig zur Seligkeit und schließen den Glauben nicht aus, sondern fordern ihn; denn ohne Glauben könnte man sie nicht fassen. Denn damit, daß du Wasser über dich gießen lässest, hast du die Taufe nicht so empfangen und gehalten, daß sie dir etwas nützen würde. Aber dadurch wird sie dir etwas nütze, wenn du dich in der Meinung taufen lässest, daß es aus Gottes Befehl und Ordnung, dazu in Gottes Namen geschehe, um in dem Wasser die verheißene Seligkeit zu empfangen. Nun kann das weder die Faust noch der Leib tun, sondern das Herz muß es glauben. Somit siehst du klar, daß es sich da um kein Werk handelt, das von uns getan werden könnte, sondern um einen Schatz, den er uns gibt und den der Glaube ergreift, ebensogut wie der Herr Christus am Kreuz nicht ein Werk ist, sondern ein Schatz, der im Wort gefaßt und uns vorgestellt und durch den Glauben empfangen wird. Darum tun sie uns Gewalt an, wenn sie wider uns schreien, als predigten wir wider den Glauben, wo wir doch allein ihn treiben; denn er ist ja so nötig dazu, daß ohne ihn überhaupt nichts empfangen und genossen werden kann.

Es mangelt nicht am Schatz, aber am Glauben, der ihn erfaßt

Damit haben wir die drei Stücke besprochen, die man von diesem Sakrament wissen muß; besonders, daß es Gottes Ordnung ist, die man in allen Ehren zu halten hat. Das wäre für sich allein schon genug, obwohl es nur ein ganz äußerlich Ding ist. Das Gebot »Du sollst Vater und Mutter ehren« bezieht sich ja auch allein auf leibliches Fleisch und Blut, wobei man aber nicht auf Fleisch und Blut, sondern auf Gottes Gebot sieht, von dem es umfaßt ist und um dessentwillen das Fleisch Vater und Mutter heißt. Ebenso auch [hier]: wenn wir nichts weiter hätten als diese Worte »Gehet hin und taufet« usw., so müßten wir's dennoch als Gottes Ordnung annehmen und tun. Nun ist aber nicht bloß das Gebot und der Befehl da, sondern auch die Verheißung. Darum ist es noch viel herrlicher, als was Gott sonst geboten und angeordnet hat; kurz, es ist so voll Trost und Gnade, daß Himmel und Erde es nicht begreifen kann. Aber um das zu glauben, dazu gehört Verständnis; es mangelt ja nicht am Schatz, aber daran mangelt es, daß man ihn erfaßt und festhält.

In der Taufe wird jedem umsonst eine Arznei gegen den Tod angeboten

Darum hat jeder Christ sein Leben lang genug an der Taufe zu lernen und zu üben. Er hat ja immerfort zu schaffen, daß er fest glaube, was sie zusagt und bringt: Überwindung des Teufels und Todes, Vergebung der Sünden, Gottes Gnade, den ganzen Christus und den Heiligen Geist mit seinen Gaben. Kurz, es ist so überschwenglich, daß die zaghafte Natur, wenn sie es bedenkt, daran zweifeln möchte, ob es [denn] wahr sein könnte. Denn überlege du: wenn es irgend einen Arzt gäbe, der die Kunst könnte, daß die Leute nicht sterben müßten oder daß sie, wenn sie auch stürben, nachher ewig lebten, – wie würde die Welt da Geld schneien und regnen lassen, daß vor den Reichen niemand beikommen könnte! Nun wird hier in der Taufe jedermann ein solcher Schatz umsonst vor die Tür gebracht und eine Arznei, die den Tod verschlingt und alle Menschen beim Leben erhält!

In der Anfechtung soll das unser Trost sein: Ich bin getauft. Ich bin ganz, mit Leib und Seele, erlöst

So muß man die Taufe ansehen und uns zu nutze machen: Wir sollen uns daran stärken und trösten, wenn uns unsere Sünde oder unser Gewissen beschwert, und sollen sagen: »Ich bin dennoch getauft! Bin ich aber getauft, so ist mir zugesagt, daß ich selig sein und das ewige Leben für Seele und Leib haben soll.« Deshalb geschieht ja das beides in der Taufe: daß der Leib begossen wird, der nichts weiter fassen kann als das Wasser, und daß dazu das Wort gesprochen wird, damit die Seele es auch fassen könne. Weil nun beides zusammen, Wasser und Wort, eine Taufe ausmachen, so muß auch beides, Leib und Seele, selig werden und ewig leben: die Seele durchs Wort, an das sie glaubt, der Leib aber, weil er mit der Seele vereinigt ist und die Taufe auch ergreift, wie er es ergreifen kann. An unsrem Leib und unsrer Seele haben wir [darum] kein größeres Kleinod. Denn dadurch werden wir ganz heilig und selig; das kann sonst kein Leben und kein Werk auf Erden erlangen.

Wäre die Kindertaufe unwirksam, dann hätte es über Jahrhunderte hinweg keine Christen und keine geistbegabten Menschen gegeben, was der Erfahrung widerspricht

Das sei nun genug gesagt vom Wesen, Nutzen und Gebrauch der Taufe, soviel hier dienlich ist. Hierbei stellt sich nun eine Frage ein, mit der der Teufel durch seine Rotten die Welt verwirrt, die Taufe von Kindern betreffend: ob diese auch glauben bzw. ob sie zu Recht getauft werden? Dazu sagen wir kurz: wer einfältig ist, der entschlage sich der Frage und weise sie den Gelehrten zu. Willst du aber antworten, so antworte so: Daß die Kindertaufe Christus gefällt, wird aus seinem eigenen Werk genug bewiesen. Gott machte nämlich viele von denen, die so getauft worden sind, heilig und hat ihnen den Heiligen Geist gegeben; und auch heutzutage gibt es noch viele, an denen man es spürt, daß sie den Heiligen Geist haben, sowohl an ihrer Lehre als auch an ihrem Leben. So ist es ja auch uns von Gottes Gnade gegeben, daß wir wirklich die Schrift auslegen und Christus erkennen können, was ohne den Heiligen Geist nicht geschehen kann. Wenn aber Gott die Taufe von Kindern nicht annähme, so würde er keinem von ihnen den Heiligen Geist oder auch nur ein Stück davon geben; kurz, es dürfte dann seit so langer Zeit bis auf den heutigen Tag keinen Menschen auf Erden geben, der ein Christ wäre. Nun aber bestätigt Gott diese Taufe durch die Eingebung seines Heiligen Geistes, wie man es an einigen Vätern wie dem hl. Bernhard, Gerson, Johannes Hus und anderen wohl spürt, und die heilige christliche Kirche geht nicht unter bis ans Ende der Welt; deshalb müssen sie bekennen, daß die Kindertaufe Gott gefällig ist. Denn Gott kann ja nicht gegen sich selber sein oder der Lüge und Büberei helfen noch seine Gnade und seinen Geist dazu geben. Dies ist weitaus der beste und stärkste Beweis für die einfachen und ungelehrten Leute. Denn man wird uns diesen Artikel: »Ich glaube eine heilige christliche Kirche, die Gemeinschaft der Heiligen usw.« nicht nehmen und umstoßen können.

Die Gültigkeit und Wirksamkeit der Taufe ist nicht vom Glauben abhängig, sondern vom Wort Gottes. Es gibt den Notfall einer Taufe ohne Glaube

Sodann sagen wir weiter, daß wir nicht das Hauptgewicht darauf legen, ob der, der getauft wird, glaubt oder nicht glaubt; denn darum wird die Taufe nicht unrecht; sondern es liegt alles an Gottes Wort und Gebot. Das ist nun wohl ein wenig scharf ausgedrückt, gründet sich aber ganz auf dem, was ich gesagt habe: daß nämlich die Taufe nichts anderes ist als Wasser und Gottes Wort bei- und miteinander; d.h. wenn das Wort bei dem Wasser ist, so ist die Taufe recht, auch wenn der Glaube nicht dazu kommt. Denn mein Glaube macht nicht die Taufe, sondern empfängt die Taufe. Nun wird die Taufe dadurch nicht unrecht, wenn sie auch nicht recht empfangen oder gebraucht wird, da sie ja, wie gesagt, nicht an unseren Glauben, sondern an das Wort gebunden ist. Denn auch wenn heute ein Jude mit Schalkheit und bösem Vorsatz herkäme, und wir tauften ihn mit ganzem Ernst, so sollen wir nichtsdestoweniger sagen, daß diese Taufe recht sei. Denn es ist ja das Wasser dabei samt Gottes Wort, obgleich er sie nicht so empfängt, wie er soll; geradeso, wie die unwürdig zum [Altar-]Sakrament (Abendmahl) Gehenden doch das rechte Sakrament empfangen, obgleich sie nicht glauben.

Ich baue in der Taufe nicht auf meinen Glauben, sondern auf Gottes Wort und Taufbefehl. Gott lügt nicht

So siehst du, daß die Einrede der Rottengeister nichts taugt. Denn, wie gesagt, wenn auch die Kinder nicht glaubten – was doch, wie jetzt bewiesen, nicht der Fall ist –, so wäre doch die Taufe recht, und niemand soll sie wiedertaufen. Es ist wie beim [Altar-]Sakrament (Abendmahl): dem wird kein Abbruch getan, auch wenn jemand mit bösem Vorsatz dazuginge, und es wäre nicht zu dulden, daß er es um dieses Mißbrauches willen zur gleichen Stunde nocheinmal nähme, als hätte er das [Altar-]Sakrament vorher nicht wahrhaftig empfangen. Denn das hieße das Sakrament in höchster Weise gelästert und geschändet. Wie kämen wir zu der Behauptung, daß Gottes Wort und Ordnung deshalb unrecht sein und nichts gelten sollte, weil wir nicht den rechten Gebrauch davon machen? Darum sage ich: Hast du nicht geglaubt, so glaube dennoch und sprich so: »Die Taufe ist wohl recht gewesen, ich habe sie aber leider nicht recht empfangen.« Denn auch ich selbst und alle, die sich taufen lassen, müssen vor Gott sprechen: »Ich komme her in meinem Glauben und auch in dem der anderen; dennoch kann ich nicht darauf bauen, daß ich glaube und daß viele Leute für mich beten, sondern darauf baue ich, daß es dein Wort und Befehl ist.« Geradeso gehe ich auch zum [Altar-]Sakrament nicht auf Grund meines Glaubens, sondern auf Christi Wort hin. Ich mag stark oder schwach sein; das lasse ich Gott walten. Aber dessen bin ich gewiß, daß er mich hingehen, essen und trinken usw. heißt, und mir seinen Leib und sein Blut schenkt; und das wird mir nicht lügen noch trügen. Ebenso machen wir es nun auch mit der Kindertaufe: Das Kind tragen wir herzu in der Meinung und der Hoffnung, daß es glaube, und bitten, daß ihm Gott den Glauben gebe. Aber daraufhin taufen wir es nicht, sondern bloß daraufhin, daß Gott es befohlen hat. Warum das? Darum, weil wir wissen, daß Gott nicht lügt. Ich und mein Nächster und überhaupt alle Menschen mögen fehlen und trügen; aber Gottes Wort kann nicht fehlen.

Die Taufe wird nicht unrecht, wenn sie unrecht empfangen wird; eine gute Sache wird nicht schlecht, wenn sie in schlechte Hände kommt

Darum sind es jedenfalls vermessene, tölpelhafte Geister, die so folgern und schließen: wo der Glaube nicht recht sei, da müsse auch die Taufe nicht recht sein. Das ist gerade, als wollte ich derart schließen: »Wenn ich nicht glaube, so ist Christus nichts«; oder so: »Wenn ich nicht gehorsam bin, so ist Vater, Mutter und Obrigkeit nichts.« Ist das richtig geschlußfolgert, daß, wenn jemand nicht tut, was er tun soll, deshalb die Sache an sich selbst nichts sein und gelten soll? Lieber kehre es um und schlußfolgere vielmehr so: Eben deshalb ist die Taufe etwas und ist recht, weil man's unrecht empfangen hat. Denn wenn sie an sich selbst nicht recht wäre, könnte man sie nicht mißbrauchen und daran sündigen. Es gilt also: »Abusus non tollit, sed confirmat substantiam.« »Mißbrauch hebt das Wesen [einer Sache] nicht auf, sondern bestätigt es.« Denn Gold bleibt nichtsdestoweniger Gold, auch wenn es eine Dirne mit Sünde und Schande trägt.

Die Taufe hat als das mit dem Wasser verbundene Wort Gottes ihren Wert in sich – unabhängig von der Person des Empfängers

Darum sei abschließend festgestellt, daß die Taufe allezeit recht und in ihrem vollen Wesen erhalten bleibt, wenn auch nur ein einziger Mensch getauft würde und dieser obendrein nicht rechtschaffen glaubte. Denn Gottes Ordnung und Wort läßt sich nicht von Menschen umwandeln und ändern. Sie aber, die Schwarmgeister, sind so verblendet, daß sie Gottes Wort und Gebot nicht sehen und in der Taufe und in der Obrigkeit nichts weiter sehen als Wasser im Bach und im Topf oder als einen andern Menschen; und solange sie keinen Glauben und keinen Gehorsam sehen, soll es auch an und für sich nichts gelten. Dahinter steckt ein heimlicher, aufrührerischer Teufel, der gerne der Obrigkeit die Krone abreißen wollte, damit man sie nachher mit Füßen trete, und der überhaupt alle Werke und Ordnungen Gottes uns verkehren und zunichte machen möchte. Darum müssen wir wacker und gerüstet sein und dürfen uns nicht vom Wort wegweisen noch abwenden lassen, damit wir die Taufe nicht lediglich ein bloßes Zeichen sein lassen, wie die Schwärmer träumen.

Durch das Untertauchen und Auftauchen im Wasser wird der Sinn der Taufe angedeutet: Sie tötet den alten Adam in uns und läßt einen neuen Menschen auferstehen, der täglich zunimmt

Zuletzt muß man auch wissen, was die Taufe bedeutet und warum Gott gerade ein solch äußerliches Zeichen und Handeln für dieses Sakrament anordnet, durch das wir erstmals in die Christenheit aufgenommen werden. Das Werk aber oder die Gebärde ist das: man senkt uns ins Wasser hinein, so daß es über uns hergeht, und zieht uns nachher wieder heraus. Diese zwei Stücke, das Untersinken unters Wasser und das Wiederherauskommen, deuten auf die Kraft und

Wirkung der Taufe, die nichts anderes sind als die Tötung des alten Adams, darnach die Auferstehung des neuen Menschen. Beides soll unser Leben lang in uns weitergehen, so daß ein christliches Leben nichts anderes ist als ein tägliches Taufen, das einmal angefangen hat und in dem immer weitergegangen wird. Denn es muß ohne Unterlaß so getan werden, daß man immer ausfegt, was vom alten Adam ist, und daß hervorkommt, was zum neuen gehört. Was ist denn der alte Mensch? Er ist so, wie er uns von Adam her angeboren ist: zornig, gehässig, neidisch, unkeusch, geizig, faul, hoffärtig, ja er ist ungläubig, von allen Lastern besessen und hat von Natur nichts Gutes an sich. Wenn wir nun in Christi Reich kommen, soll das täglich abnehmen, so daß wir je länger desto milder, geduldiger, sanftmütiger werden und dem Geiz, Haß, Neid und der Hoffart immer mehr Abbruch tun.

Wir müssen täglich in die Taufe hineinkriechen und aus ihr hervorkommen im lebenslangen Prozeß der Vervollkommnung

Dies ist der rechte Gebrauch der Taufe unter den Christen, wie er durch dieses Eintauchen ins Wasser angedeutet wird. Wenn nun solches nicht vor sich geht, vielmehr dem alten Menschen der Zaum [und Zügel] überlassen wird, so daß er nur noch stärker wird, so heißt das: nicht die Taufe gebraucht, sondern der Taufe widerstrebt. Denn die außerhalb von Christus sind, können nichts anderes tun als täglich ärger werden; so lautet ja auch das Sprichwort, und so ist die Wahrheit: »Je mehr, desto ärger; je länger, desto böser.« Ist einer vor einem Jahr stolz und geizig gewesen, so ist er heute noch viel geiziger und stolzer, so daß die Untugend von Jugend auf mit ihm wächst und Fortschritte macht. Ein junges Kind hat keine besondere Untugend an sich; wenn es aber heranwächst, wird es unzüchtig und unkeusch; kommt es in sein volles Mannesalter, so gehen die rechten Laster an, je länger, desto mehr. Darum lebt sich der alte Mensch in seiner Natur unaufgehalten aus, wenn man nicht durch die Kraft der Taufe ihm wehrt und ihn dämpft. Umgekehrt, wenn Menschen zu Christen geworden sind, so nimmt er täglich ab, so lange, bis er ganz untergeht. Das heißt recht in die Taufe hineingekrochen und täglich wieder daraus hervorkommen. Somit ist das äußerliche Zeichen so eingerichtet, daß es nicht bloß kraftvoll wirken, sondern zugleich auch auf etwas hindeuten soll. Wo nun der Glaube mit seinen Früchten sich einstellt, da ist's nicht eine unbestimmte Bedeutung (Sinnbild), sondern da ist die Wirkung dabei. Wo aber der Glaube nicht ist, da bleibt es ein bloßes, unfruchtbares Zeichen.

Die Buße, das dritte Sakrament, ist eine stete Rückkehr zur Taufe. Die Taufe ist einmalig, ihre Wirkung dauert an

Und hier siehst du, daß die Taufe sowohl mit ihrer Kraft als auch mit ihrer Bedeutung zugleich das dritte Sakrament in sich einbegreift, wie man die Buße genannt hat; ist diese doch eigentlich nichts anderes als die Taufe. Denn was heißt Buße anderes, als den alten Menschen ernsthaft angreifen und in ein neues Leben eintreten? Wenn du deshalb in der Buße lebst, so gehst du deinen Weg in [Kraft] der Taufe, welche dieses neue Leben nicht bloß bedeutet, sondern auch bewirkt, anhebt und weitertreibt. Denn in ihr wird Gnade, Geist und Kraft gegeben, um den alten Menschen zu unterdrücken, damit der neue hervorkomme und stark werde. Darum bleibt die Taufe immerfort bestehen, und obgleich jemand davon abfällt und sündigt, so haben wir doch immer einen Zugang zu ihr, daß man den alten Menschen wieder unter sich werfe. Aber mit Wasser braucht man uns nicht mehr zu begießen. Denn wenn man sich auch hundertmal ins Wasser senken ließe, so gibt es doch nicht mehr als eine einzige Taufe. Ihre Wirkung aber und ihre Bedeutung geht weiter und bleibt bestehen. So ist die Buße nichts anderes als ein Wiedergang (Rückkehr) und Wiederhinzutreten zur Taufe: man erneuert und treibt aufs neue, was man vorher angefangen und wovon man doch abgelassen hatte.

Unser Taufschiff geht nie unter, auch wenn wir aus ihm aussteigen. Durch die Buße können wir wieder zurückkommen

Das sage ich deshalb, daß man nicht auf die Meinung komme, in der wir lange Zeit gewesen sind, als wir wähnten, die Taufe wäre dann, wenn wir wieder in Sünde gefallen sind, hinfällig, so daß man sie nicht mehr brauchen könne. Das rührt daher, daß man auf nichts weiter sieht als auf das Werk, das einmal geschehen ist. Und in Wahrheit ist es daher gekommen, daß der hl. Hieronymus geschrieben hat, »die Buße ist das zweite Brett, auf dem wir hinaus schwimmen und hinüberkommen müssen, nachdem das Schiff [der Taufe] zerbrochen ist«, in das wir treten und überfahren, wenn wir in die Christenheit kommen; mit diesem Satz ist dann der Gebrauch der Taufe aufgehoben, so daß sie uns nichts mehr nützen kann. Darum ist das nicht richtig gesagt; denn das Schiff zerbricht nicht, weil es, wie gesagt, Gottes Ordnung und nicht unser Ding ist. Das aber geschieht wohl, daß wir gleiten und herausfallen. Fällt aber jemand heraus, so sehe er zu, daß er wieder hinzuschwimme und sich dran halte, bis er wieder hineinkommt und darin weiterfahre, wie er vorher angefangen hatte.

Unsere Taufe fällt nicht von uns ab, auch wenn wir von ihr abfallen. Christus bleibt uns treu trotz unserer Untreue

So sieht man, wie ein hohes, vortreffliches Ding es um die Taufe ist: sie reißt uns dem Teufel aus dem Hals, macht uns Gott zu eigen, dämpft die Sünde und nimmt sie weg; darnach stärkt sie täglich den neuen Menschen und geht immer weiter und bleibt, bis wir aus diesem Elend zur ewigen Herrlichkeit kommen. Darum soll jeder die Taufe als sein tägliches Kleid ansehen, in dem er immerfort gehen soll; er soll sich allezeit im Glauben und seinen Früchten finden lassen, um den alten Menschen zu dämpfen und am neuen Menschen zu wachsen. Denn wollen wir Christen sein, so müssen wir das Werk treiben, durch welches wir Christen sind;

fällt aber jemand davon ab, so komme er wieder herzu. Denn es ist so wie bei Christus, dem Gnadenthron: er weicht nicht von uns und wehrt uns nicht, wieder zu ihm zu kommen, obwohl wir gleich sündigen; so bleibt auch sein ganzer Schatz und all seine Gabe bestehen. Wie man nun in der Taufe Vergebung der Sünden *ein*mal bekommen hat, so bleibt sie noch täglich, solange wir leben, d.h. solange wir den alten Menschen am Hals tragen.

DAS FÜNFTE HAUPTSTÜCK

Vom Sakrament des Altars oder Hl. Abendmahl

In diesem Hauptstück wird – ähnlich wie im Hauptstück über die Taufe – über Wesen, Nutzen und Empfang des Abendmahls gesprochen

In derselben Weise, wie wir es von der heiligen Taufe gehört haben, müssen wir auch von dem zweiten Sakrament reden, nämlich von den drei Stücken: was es ist, was es nützt, und wer es empfangen soll; und das alles ist auf die Worte gegründet, durch die es von Christus eingesetzt worden ist. Diese muß auch jeder wissen, der ein Christ sein und zum Sakrament gehen will. Denn wir sind nicht gesinnt, die zuzulassen und es denen zu reichen, die nicht wissen, was sie da suchen oder warum sie kommen.

Die Einsetzungsworte Christi, auf denen das Abendmahl gründet

Die Worte aber sind folgende:

Unser Herr Jesus Christus, in der Nacht, da er verraten ward, nahm er das Brot, dankte und brach's und gab's seinen Jüngern und sprach: Nehmet hin und esset: Das ist mein Leib, der für auch gegeben wird, das tut zu meinem Gedächtnis. Desgleichen nahm er auch den Kelch nach dem Abendmahl, dankte und gab ihnen den und sprach: Nehmet hin und trinket alle daraus. Dieser Kelch ist das neue Testament in meinem Blut, das für euch vergossen wird zur Vergebung der Sünden. Das tut, so oft ihr's trinket, zu meinem Gedächtnis.

Das Abendmahl ist, was es ist, durch Gottes Wort. Es hat seinen Wert in sich, unabhängig vom menschlichen Gebrauch oder Mißbrauch

Auch hier wollen wir uns nicht in den Haaren liegen und mit den Lästerern und Schändern dieses Sakraments fechten, sondern in erster Linie das lernen, worauf es hier wie auch bei der Taufe ankommt: nämlich, daß das vornehmste Stück Gottes Wort und Ordnung oder Befehl ist. Denn [das Abendmahl] ist von keinem Menschen erdacht oder aufgebracht worden, sondern ist ohne jemandes Rat und Überlegung von Christus eingesetzt worden. Deshalb [ist's] wie bei den zehn Geboten, dem Vaterunser und dem Glaubensbekenntnis: die bleiben in ihrem Wesen und in ihrer Würde [bestehen], auch wenn du sie niemals hältst, nicht betest oder glaubst. Ebenso bleibt auch dieses hochwürdige Sakrament unverrückt [bestehen], so daß ihm kein Abbruch getan noch etwas genommen wird, auch wenn wir es unwürdig gebrauchen oder vollziehen. Was meinst du: sollte Gott nach unserm Tun oder Glauben fragen und deswegen seine Ordnung umwandeln lassen? Bleibt doch in allen weltlichen Dingen alles so, wie es Gott geschaffen und angeordnet hat, gleichviel, wie wir es gebrauchen und behandeln. Das muß man immerfort betreiben. Damit kann man nämlich sicherlich aller Rottengeister Geschwätz zurückweisen; denn sie sehen die Sakramente ohne Rücksicht auf Gottes Wort als ein Ding an, was *wir* tun.

Aus Brot und Wein wird durch Gottes Wort der wahre Leib und das wahre Blut Jesu Christi

Was ist nun das Sakrament des Altars? Antwort: Es ist der wahre Leib und das wahre Blut des Herrn Christus in und unter dem Brot und Wein [wie es] durch Christi Wort uns Christen zu essen und zu trinken befohlen [ist]. Und wie wir von der Taufe sagten, daß sie nicht bloßes Wasser sei, so sagen wir auch hier: das Sakrament ist Brot und Wein, aber nicht bloß Brot und Wein, wie man es sonst zu Tisch aufträgt, sondern Brot und Wein in Gottes Wort gefaßt und daran gebunden. Das Wort ist es, sage ich, was dieses Sakrament macht und unterscheidet, so daß es nicht bloßes Brot und Wein, sondern Christi Leib und Blut ist und heißt. Denn es heißt: »Accedat verbum ad elementum et fit sacramentum« [d.h.] »Wenn das Wort zum äußerlichen Ding hinzu kommt, so wird es ein Sakrament«. Dieser Ausspruch des hl. Augustinus ist so treffend und richtig gesprochen, daß er kaum einen besseren gesagt hat. Das Wort muß das Element zum Sakrament machen; andernfalls bleibt es ein bloßes Element. Nun handelt es sich nicht [bloß] um Wort und Anordnung eines Fürsten oder Kaisers, sondern der hohen Majestät; davor sollen alle Kreaturen zu Füßen fallen und Ja sprechen, daß es sei, wie er sagt, und es mit allen Ehren, mit Furcht und Demut annehmen. Aus diesem Wort kannst du dein Gewissen stärken und sprechen: »Wenn hunderttausend Teufel samt allen Schwärmern daherkommen: ›Wie kann Brot und Wein Christi Leib und Blut sein?‹ usw., so weiß ich, daß alle Geister und Gelehrten zusammen nicht so klug sind wie die göttliche Majestät im kleinsten Fingerlein. Nun steht hier Christi Wort: ›Nehmet, esset, das ist mein Leib‹, ›Trinket alle daraus, das ist das neue Testament in meinem Blute‹ usw.; da bleiben wir dabei und wollen die sehen, die ihn meistern und es anders machen wollen als er's geredet hat.« Das ist wohl wahr: wenn du das Wort davon wegtust oder es ohne das Wort ansiehst, so hast du nichts als bloßes Brot und Wein. Wenn die Worte aber dabeibleiben, wie sie sollen und müssen, dann ist's so wie sie lauten wahrhaftig Leib und Blut Christi. Denn wie Christi Mund redet und spricht, so ist es; denn er kann nicht lügen noch trügen.

Leib und Blut Christi bleiben Leib und Blut Christi, auch wenn sie von Unwürdigen gespendet oder empfangen werden

Von da aus ist nun leicht zu antworten auf allerlei Fragen, mit denen man sich jetzt bekümmert, wie z.B. die, ob auch ein böser Priester das Sakrament verwalten und geben könne, und was desgleichen mehr ist. Denn da schlußfolgern wir und sagen: Obgleich ein böser Bube das Sakrament nimmt oder gibt, so nimmt er das rechte Sakrament, d.h. Christi Leib und Blut, ebensowohl wie der, der es in allerwürdigster Weise verwaltet. Denn es ist nicht gegründet auf Heiligkeit von Menschen, sondern auf Gottes Wort. Und wie kein Heiliger auf Erden, ja kein Engel im Himmel das Brot und den Wein zu Christi Leib und Blut machen kann, ebenso kann auch niemand etwas daran ändern und umwandeln, mag es auch mißbraucht werden. Denn um der Person bzw. um des Unglaubens willen wird das Wort nicht falsch, durch welches es zu einem Sakrament geworden und eingesetzt ist. Denn [Christus] sagt nicht: »Wenn ihr glaubt oder würdig seid, so habt ihr meinen Leib und Blut«; sondern: »Nehmet, esset und trinket; das ist mein Leib und Blut.« Ebenso: »Solches tut«, nämlich das, was ich jetzt tue, einsetze, euch gebe und euch nehmen heiße. Das heißt soviel als: Gleichviel, ob du unwürdig oder würdig bist, so hast du hier seinen Leib und sein Blut kraft dieser Worte, die zu dem Brot und Wein kommen. Das merke dir und behalte es nur wohl. Denn auf [diesen] Worten steht unser ganzer Grund, unser Schutz und unsere Wehr gegen allen Irrtum und alle Verführung, die je gekommen sind oder noch kommen mögen.

Der Nutzen und der Zweck des Abendmahls besteht in der Sündenvergebung, die uns hier durch ein Unterpfand verbürgt wird

Damit haben wir in Kürze das erste Stück besprochen, welches das Wesen dieses Sakraments belangt. Nun sieh weiter auch die Wirkung und den Nutzen, weswegen das Sakrament eigentlich eingesetzt ist. Das ist ja auch das Nötigste dabei, daß man wisse, was wir da suchen und holen sollen. Dies ist nun klar und leicht zu ersehen eben aus den angeführten Worten: »Das ist mein Leib und Blut, *für euch* gegeben und vergossen zur Vergebung der Sünden.« Das heißt ganz kurz soviel: wir gehen deshalb zum Sakrament, um hier diesen Schatz zu empfangen, durch den und in dem wir Vergebung der Sünden bekommen. Warum das? Darum, weil diese Worte dastehen und uns solches geben. Denn darum heißt er mich essen und trinken, daß es mein [eigen] sei und mir nütze als gewisses Unterpfand und Zeichen, ja als eben das Gut selber, das für mich eingesetzt ist gegen meine Sünde, Tod und alles Unglück.

Durch die Taufe wird uns die Geburt des neuen Lebens, durch das Abendmahl das Wachstum im neuen Leben geschenkt

Darum heißt es mit Recht eine Speise der Seele, die den neuen Menschen nährt und stärkt. Durch die Taufe werden wir ja erstlich neugeboren; aber daneben bleibt, wie gesagt, gleichwohl noch die alte Haut in Gestalt von Fleisch und Blut am Menschen. Da gibt's so viel Hinderung und Anfechtung vom Teufel und der Welt, daß wir oft müde und matt werden und zuweilen auch straucheln. Darum ist uns das Sakrament zur täglichen Weide und Fütterung gegeben, damit sich der Glaube erhole und stärke, um in diesem Kampf keinen Rückfall zu erleiden, sondern immerfort stärker und stärker zu werden. Denn das neue Leben soll so beschaffen sein, daß es stets zunehme und fortschreite. Es muß aber dagegen viel leiden. Denn der Teufel ist so ein zorniger Feind: wenn er sieht, daß man sich wider ihn legt und den alten Menschen angreift und daß er uns nicht mit Gewalt überrumpeln kann, dann schleicht und streicht er auf allen Seiten umher, versucht alle Künste und läßt nicht ab, bis er uns zuletzt müde macht, so daß man entweder den Glauben fallen läßt oder Hände und Füße gehen läßt und unlustig oder ungeduldig wird. Dafür ist nun dieser Trost gegeben; wenn das Herz das fühlt, daß es ihm zu schwer werden will, soll es hier neue Kraft und Labsal holen.

Nicht Brot und Wein vergibt uns die Sünde, sondern Christi Leib und Blut, für uns gegeben und vergossen

Hier drehen sich abermals unsere klugen Geister mit ihrer großen Kunst und Klugheit; sie schreien und poltern: »Wie kann Brot und Wein die Sünde vergeben oder den Glauben stärken?« Und dabei hören und wissen sie doch, daß wir das nicht von Brot und Wein sagen, die für sich [genommen], eben Brot [und Wein] sind, sondern von solchem Brot und Wein, das Christi Leib und Blut ist und jene Worte bei sich hat. Dieses, sagen wir, und nichts anderes ist wahrlich der Schatz, durch den solche Vergebung erworben worden ist. Nun wird es uns wirklich nicht anders als in den Worten: »Für euch gegeben und vergossen« gebracht und zugeeignet. Denn darin hast du beides: daß es Christi Leib und Blut ist, und daß es Dein ist als ein Schatz und Geschenk. Nun kann jedenfalls Christi Leib nicht ein unfruchtbares, vergebliches Ding sein, das nichts schaffen noch nützen würde. Wie groß jedoch dieser Schatz auch an sich selbst sein mag, – er muß in das Wort gefaßt und uns gereicht werden, sonst würden wir's weder wissen noch suchen können.

Die Vergebung am Kreuz wird im Abendmahl durchs Wort vergegenwärtigt

Darum ist es auch sinnlos geredet, wenn sie sagen, Christi Leib und Blut sei nicht im Abendmahl für uns gegeben noch vergossen worden; somit könne man im Sakrament nicht Vergebung der Sünden haben. Denn obwohl das Werk am Kreuz geschehen und [am Kreuz] die Vergebung der Sünden erworben worden ist, so kann sie doch nicht anders als durchs Wort zu uns kommen. Denn was wüßten wir sonst davon, daß das geschehen sei oder uns geschenkt sein solle, wenn man es nicht durch die Predigt oder durch mündliches Wort forttrüge? Woher wissen sie es oder wie können sie die Vergebung ergreifen und zu sich bringen, wenn sie sich nicht an die [Heilige] Schrift und das Evangelium halten und daran glauben? Nun ist jedenfalls das ganze Evangelium und der Glaubensartikel »Ich glaube eine heilige christliche Kirche, Vergebung der Sünden usw.« durch das Wort in dieses Sakrament hineingesteckt und uns vorgelegt. Warum sollten wir denn diesen Schatz aus dem Sakrament herausreißen lassen, wo sie doch bekennen müssen, daß es die gleichen Worte sind, die wir allenthalben im Evangelium hören? Können sie doch ebensowenig sagen, diese Worte im Sakrament seien nichts nütze, so wenig sie zu behaupten wagen, daß das ganze Evangelium oder Wort Gottes außerhalb vom Sakrament nichts nütze sei.

Wer glaubt, daß ihm im Abendmahl die Vergebung geschenkt wird, der hat sie

So haben wir nun das ganze Sakrament besprochen, sowohl was es an sich selbst ist, als auch was es bringt und nützt. Nun muß man auch sehen, wer die Person ist, die diese Kraft und diesen Nutzen empfangen soll. Das ist, ganz kurz gesagt, wie es oben bei der Taufe und sonst oft gesagt worden ist, [der], der das glaubt, wie die Worte lauten und was sie [mit sich] bringen. Denn sie sind nicht [zu] Stein und Holz gesagt oder verkündigt, sondern denen, die sie hören; zu diesen spricht er: »Nehmet und esset usw.« Und weil er Vergebung der Sünden anbietet und verheißt, so kann es nicht anders als durch den Glauben empfangen werden. Solchen Glauben fordert er selbst in seinem Wort, indem er spricht: »*Für euch* gegeben und *für euch* vergossen.« Das ist, als wollte er sagen: Darum gebe ich's und heiße euch essen und trinken, daß ihr's euch aneignen und genießen sollt. Wer sich nun das gesagt sein läßt und glaubt, daß es wahr ist, der hat es. Wer aber nicht glaubt, der hat nichts; denn er läßt es sich umsonst anbieten und will dieses heilschaffende Gut nicht genießen. Der Schatz ist wohl aufgetan und jedermann vor die Türe, ja sogar auf den Tisch gelegt; es gehört aber dazu, daß du ihn dir auch aneignest und ihn gewiß für das hältst, was dir die Worte angeben.

Die beste Vorbereitung auf das Abendmahl ist der Glaube, nicht das Fasten

Darin besteht nun die ganze christliche Vorbereitung, dies Sakrament würdig zu empfangen. Denn weil dieser Schatz ganz in den Worten vorgelegt wird, kann man's nicht anders ergreifen und sich aneignen, als mit dem Herzen. Denn mit der Faust wird man ein solches Geschenk und ewigen Schatz nicht erfassen. Fasten und Beten usw. kann wohl eine äußere Vorbereitung und Kinderübung sein; daß sich der Leib züchtig und ehrerbietig gegenüber dem Leib und Blut Christi verhalte und gebärde. Aber das, was darin und damit gegeben wird, kann der Leib nicht fassen noch an sich bringen. Das tut vielmehr der Glaube des Herzens; er erkennt hier diesen Schatz und begehrt ihn. Damit sei es genug, soviel für den allgemeinen Unterricht über dieses Sakrament nötig ist. Denn was weiter davon zu sagen ist, das gehört zu einer anderen Zeit besprochen.

Das Abendmahl soll häufig empfangen werden und nicht nur, wenn man ein Bedürfnis danach hat

Nachdem wir nun das rechte Verständnis und die Lehre von diesem Sakrament erörtert haben, ist am Ende auch eine Ermahnung und ein Anreiz dazu wohl nötig, daß man diesen großen Schatz, den man täglich unter den Christen verwaltet und austeilt, nicht umsonst vorübergehen lasse. D.h. die, die Christen sein wollen, sollten sich dazu schicken, das hochwürdige Sakrament oft zu empfangen. Wir sehen nämlich, daß man sich geradezu lässig und faul dazu stellt und es unter denen, die das Evangelium hören, einen großen Haufen von ihnen gibt. Seitdem des Papstes Tand abgekommen ist und wir von seinem Zwang und Gebot frei geworden sind, gehen sie zwei oder drei Jahre und noch länger ohne Sakrament dahin, als seien sie so starke Christen, die seiner nicht bedürfen. Auch lassen sich einige daran hindern und davon abschrecken, weil wir gelehrt haben, es solle niemand dazu gehen als die, die einen Hunger und Durst fühlen, der sie dazu treibt; einige nehmen als Vorwand, es sei freigestellt und nicht nötig und es sei genug, daß sie sonst glauben. So kommen die meisten dahin, daß sie ganz roh werden und zuletzt beides, das Sakrament und das Wort Gottes verachten.

Wer das Abendmahl lange Zeit nicht empfängt, ist kein Christ

Nun ist's wahr, was wir gesagt haben: man solle beileibe niemand dazu treiben noch zwingen, um nicht wieder eine neue Seelenmörderei anzurichten. Aber das soll man dann doch wissen, daß solche Leute für keine Christen zu halten sind, die sich so lange Zeit dem Sakrament fernhalten und entziehen. Denn Christus hat es nicht deshalb eingesetzt, daß man es als ein Schauspiel behandle, sondern hat seinen Christen geboten, daß sie es essen und trinken und seiner dabei gedenken. Und wahrlich, die, die rechte Christen sind und das Sakrament teuer und wert halten, sollen sich wohl selber dazu antreiben und hinzudrängen. Damit jedoch die Einfältigen und Schwachen, die auch gern Christen wären, desto mehr dazu angereizt werden, die Ursache und die Notwendigkeit zu bedenken, die sie dazu treiben sollten, wollen wir davon ein wenig reden. Denn wie es bei andern Sachen, die den Glauben, die Liebe und die Geduld betreffen, nicht genügt, bloß zu lehren und zu unterrichten, [wie man vielmehr] auch täglich dazu ermahnen muß, so ist es auch hier nötig, mit Predigten anzuhalten, damit man nicht lässig und verdrossen werde. Wir wissen ja und fühlen, wie der Teufel sich immer gegen dieses und überhaupt alles christliche Wesen sperrt und dagegen hetzt und treibt, soviel er kann.

Der Christ geht häufig zum Abendmahl, weil es Christus geboten hat, nicht weil ihn Menschen dazu zwingen könnten

Und da haben wir erstens die helle Schriftstelle in den Worten Christi: »*Das tut* zu meinem Gedächtnis.« Das sind

Worte, die uns etwas heißen und befehlen: durch sie ist es denen, die Christen sein wollen, auferlegt, das Sakrament zu genießen. Darum wer Christi Jünger sein will – und mit solchen redet er hier –, der denke daran und halte sich auch dazu, nicht aus Zwang, weil er von Menschen dazu gedrängt wird, sondern um dem Herrn Christus zu gehorchen und zu gefallen. Aber du sprichst: »Es steht doch dabei: ›So oft ihr's tut‹, damit zwingt er jedenfalls niemand, sondern überläßt es dem freien Willen!« Antwort: Das ist wahr; aber es steht nicht da, daß man es überhaupt nicht mehr tun soll; vielmehr ist gerade, wenn er die Worte spricht: ›So oft ihr's tut‹, dann doch darin inbegriffen, daß man's oft tun soll. Und zwar ist das deshalb dazugesetzt, weil er das Sakrament frei haben will, ohne daß es an eine besondere Zeit gebunden wäre wie das Osterlamm der Juden; diese durften sie ja alle Jahre nur *einmal* essen, und zwar genau am Abend des vierzehnten Tages beim ersten Vollmond, sie durften keinen Tag darüber hinausgehen. Es ist, als ob Christus damit sagen wollte: »Ich setze euch ein Osterfest oder Abendmahl ein, das ihr nicht eben nur an diesem Abend *einmal* im Jahre, sondern oftmals genießen sollt, wann und wo ihr wollt, wie einer gerade die Gelegenheit hat oder es für notwendig hält, ohne an einen Ort oder eine bestimmte Zeit gebunden zu sein.« Freilich hat der Papst nachher das ins Gegenteil verkehrt und wieder ein jüdisches Fest daraus gemacht.

Nicht auf Grund von Menschensatzungen und um Menschen zu gefallen, gehen wir zum Abendmahl, sondern weil es Christus gefällt

Somit siehst du, daß nicht in dem Sinne Freiheit gelassen ist, daß man's verachten dürfte. Denn das heiße ich verachten, wenn man so lange Zeit vergehen läßt und, ohne sonst ein Hindernis zu haben, doch es nie begehrt. Willst du eine solche Freiheit haben, so nimm dir lieber gleich auch noch die Freiheit, daß du [überhaupt] kein Christ mehr bist und nicht zu glauben und zu beten brauchst; denn dies ist ebensosehr Christi Gebot als jenes. Willst du aber ein Christ sein, so mußt du wenigstens dann und wann diesem Gebot genugtun und gehorchen. Denn dieses Gebot sollte dich zum wenigsten bewegen, in dich selbst zu schlagen und zu denken: »Sieh, was bin ich für ein Christ? Wäre ich's, so würde ich mich jedenfalls ein wenig nach dem sehnen, was mir mein Herr zu tun befohlen hat.« Und wahrlich, daran, daß wir uns so fremd dazu stellen, spürt man gut, was für Christen wir unter dem Papsttum gewesen sind: solche, die aus lauter Zwang und aus Furcht vor menschlichem Gebot hingegangen sind, ohne Lust und Liebe und ohne Christi Gebot einmal anzusehen. *Wir* aber zwingen und drängen niemand; es braucht's auch niemand *uns* zu Dienst oder Gefallen zu tun. Das aber soll dich anreizen und sogar zwingen, daß *er* es haben will und daß es ihm gefällt. Von Menschen soll man sich weder zum Glauben noch zu irgendeinem guten Werk nötigen lassen. Wir tun nicht mehr als daß wir sagen und dazu ermahnen, was du tun sollst, nicht um unsret-, sondern um deinetwillen. Er lockt und reizt dich; willst du das verachten, so verantworte dich selbst dafür.

Wer nicht zum Abendmahl kommt, erkaltet

Das soll nun das erste sein, besonders für die Kalten und Nachlässigen, daß sie über sich selber nachdenken und sich aufwecken. Denn das ist gewiß wahr, wie ich bei mir selber deutlich erfahren habe und wie es jeder bei sich finden wird: Wenn man sich so [dem Sakrament] entzieht, wird man von Tag zu Tag immer roher und kälter und schlägt es [schließlich] ganz in den Wind. Andernfalls muß man sich wenigstens mit seinem Herzen und Gewissen befragen und sich als ein Mensch verhalten, der gerne mit Gott recht stehen wollte. Je mehr nun das geschieht, desto mehr wird das Herz erwärmt und entzündet, so daß es nicht ganz erkaltet.

Unsere Reinheit und Würdigkeit ist nicht Vorbedingung für den Abendmahlsempfang

Sagst du aber: Was aber dann, wenn ich fühle, daß ich nicht geschickt bin (nicht in der rechten Verfassung bin)? Antwort: Das ist meine Anfechtung auch, wie sie besonders von dem alten Zustand unter dem Papst herrührt. Da hat man sich so zermartert, daß man ganz rein wäre und Gott kein Tädelein an uns fände. Dadurch sind wir so scheu davor geworden, daß sich flugs jedermann entsetzte und sich sagte: »O weh, du bist nicht würdig.« Denn da beginnt Natur und Vernunft unsere Unwürdigkeit gegen das große, teure Gut aufzurechnen. Da findet sie sich dann vor wie eine finstere Laterne gegenüber der lichten Sonne oder wie Mist gegenüber Edelsteinen; und weil sie das sieht, will sie nicht dran hin und harrt, bis sie geschickt werde (in die rechte Verfassung komme), so lange, daß eine Woche die andere und ein halbes Jahr das andere [nach sich] bringt. Aber wenn du darauf sehen willst, wie fromm und rein du bist, und darauf hinarbeitest, daß dich [keine Gewissensbisse mehr] beißen, so darfst du überhaupt nie herzukommen.

Den frechen und rohen Sündern soll das Abendmahl verwehrt werden, nicht aber den Schwachen

Deshalb soll man hier die Leute unterscheiden: Denen nämlich, die freche und wilde Menschen sind, soll man sagen, sie sollen davon wegbleiben; denn sie sind nicht geschickt (in der Verfassung), Vergebung der Sünden zu empfangen, da sie diese nicht begehren und nicht gern fromm sein möchten. Die andern aber, die keine solche rohen und losen Leute sind und gerne fromm würden, sollen sich nicht davon sondern, auch wenn sie sonst schwach und gebrechlich sind. So hat auch der Hl. Hilarius gesagt: »Wenn eine Sünde nicht derart ist, daß man jemand mit Recht aus der Gemeinde stoßen und für einen Unchristen halten kann, soll man nicht vom Sakrament wegbleiben«, damit man sich nicht des

Lebens beraube. Denn soweit wird niemand kommen, daß er nicht viel tägliche Gebrechen in seinem Fleisch und Blut behält.

Die Unwürdigen sind zum Abendmahl gerufen, nicht die Würdigen, die Sünder, nicht die Reinen

Darum sollen solche Leute lernen, daß es die höchste Kunst ist, zu wissen, daß unser Sakrament nicht auf unserer Würdigkeit steht. Wir lassen uns [ja] nicht taufen als solche, die würdig und heilig sind; wir kommen auch nicht zur Beichte, als wären wir rein und ohne Sünde, sondern im Gegenteil, als arme, elende Menschen und zwar eben deshalb, weil wir unwürdig sind, außer es handelte sich um jemand, der keine Gnade und Absolution begehrte und sich zu bessern gedächte. Wer aber gerne Gnade und Trost haben möchte, soll sich selbst [zum Sakrament] antreiben und durch niemand davon abschrecken lassen. Er soll so sagen: »Ich wollte wohl gerne würdig sein, aber ich komme nicht auf Grund irgendeiner Würdigkeit, sondern auf dein Wort hin, weil du es befohlen hast, als einer, der gern dein Jünger wäre; meine Würdigkeit mag bleiben, wo sie will.« Das ist aber schwer; denn [die Tatsache] liegt uns dabei immer im Wege und hindert uns, daß wir mehr auf uns selbst als auf Christi Wort und Mund sehen. Unsere Natur möchte nämlich gerne so handeln, daß sie sicher auf sich selber fußen und stehen könnte; andernfalls will sie nicht dran hin. Das sei genug vom ersten Stück.

Nicht nur das Gebot Christi veranlaßt uns, das Abendmahl zu empfangen, sondern auch seine Verheißung und Zusage

Zweitens ist außer dem Gebot [zum Abendmahl zu gehen], auch eine Verheißung da, die wir auch schon oben gehört haben; die soll uns am allerstärksten anreizen und antreiben. Denn da stehen die freundlichen, liebreichen Worte: »Das ist mein Leib *für euch* gegeben; das ist mein Blut, *für euch* vergossen zur Vergebung der Sünden.« Diese Worte, habe ich gesagt, sind nicht einem Stock oder Stein gepredigt, sondern mir und dir; sonst könnte [Christus] ebensogut stillschweigen und kein Sakrament einsetzen. Darum denke und bringe dich auch in das »Euch« hinein, damit er nicht umsonst mit dir redet. Denn da bietet er uns den ganzen Schatz an, den er uns vom Himmel gebracht hat und zu dem er uns auch sonst aufs allerfreundlichste lockt, z.B. wenn er Matth 11 spricht: »Kommet her zu mir alle, die ihr mühselig und beladen seid; ich will euch erquicken.« Nun ist's jedenfalls eine Sünde und Schande, wenn er uns so herzlich und treu zu unserem höchsten und besten Gut auffordert und ermahnt, und wir uns so fremd dazu stellen und so lange hin gehen lassen, bis wir ganz erkalten und verhärten, so daß wir keine Lust noch Liebe mehr dazu haben.

Das Abendmahl ist Gegengift und Arznei, die Leben schenkt

Man hat doch jedenfalls das Sakrament nicht als ein schädlich Ding anzusehen, vor dem man davonlaufen müßte, sondern als eine durchaus heilsame, tröstliche Arznei, die dir helfen und das Leben geben soll, beides für Leib und Seele. Denn wo die Seele genesen ist, da ist dem Leibe auch geholfen. Warum stellen wir uns dann dazu, als wäre es ein Gift, an dem man sich den Tod ißt? Das ist wohl wahr: die, die [das Sakrament] verachten und unchristlich leben, nehmen es sich zu Schaden und Verdammnis. Denn solchen soll nichts gut und heilsam sein, so wenig wie einem Kranken, der aus Mutwillen ißt und trinkt, was ihm vom Arzt verboten ist. Aber denen, die ihre Schwachheit fühlen und sie gerne los wären und Hilfe begehren, – die sollen das Sakrament nicht anders ansehen und gebrauchen als wie ein köstliches Gegengift gegen das Gift, das sie bei sich haben. Denn hier im Sakrament sollst du aus Christi Mund Vergebung der Sünde empfangen; diese aber hat bei sich und bringt mit sich Gottes Gnade und Geist samt allen seinen Gaben, Schutz und Schirm und Gewalt wider Tod und Teufel und alles Unglück.

Ein dritter Grund, warum wir das Abendmahl empfangen, ist unsere eigene Not

So hast du von Gottes wegen sowohl das Gebot als auch die Verheißung des Herrn Christus. Außerdem sollte dich deinetwegen deine eigene Not dazu treiben, die dir auf dem Hals liegt; denn um ihretwillen kommt es zu diesem Gebieten, Locken und Verheißen. Spricht doch Christus selber: »Die Starken bedürfen des Arztes nicht, sondern die Kranken«, d.h. die, die mühselig und beschwert sind durch Sünde, Furcht vor dem Tode und Anfechtung von seiten des Fleisches oder des Teufels. Bist du nun beladen und fühlst deine Schwachheit, so geh fröhlich hin und laß dich erquicken, trösten und stärken. Denn willst du darauf harren, bis du das los wirst, um dann rein und würdig zum Sakrament zu kommen, so mußt du ewig davon wegbleiben. Da fällt nämlich [Christus] das Urteil und sagt: »Bist du rein und fromm, so brauchst du mich nicht, und umgekehrt ich dich auch nicht.« Darum heißen allein die unwürdig, die ihr Gebrechen nicht fühlen und nicht Sünder sein wollen.

Die Not ist bei dem am größten, der diese Not gar nicht fühlt

Sagst du aber: »Wie soll ich mir denn helfen, wenn ich diese Not nicht fühlen und keinen Hunger und Durst nach dem Sakrament empfinden kann?« Antwort: Denen, die so gesinnt sind, daß sie sich nicht so fühlen, weiß ich keinen besseren Rat, als daß sie doch in ihren Busen greifen möchten, ob sie auch Fleisch und Blut haben; wenn du dann dieses vorfindest, so gehe doch dir zugute zu dem Brief des hl. Paulus an die Galater und höre dort, was dein Fleisch für ein Früchtlein ist. »Offenbar sind aber – sagt er – die Werke des Fleisches: nämlich Ehebruch, Hurerei, Unreinheit, Geilheit, Abgötterei, Zauberei, Feindschaft, Hader, Eifersucht, Zorn, Zank, Zwietracht, Sekten, Haß, Mord, Saufen, Fressen und dergleichen.« Kannst du es deshalb nicht fühlen, so glaube es doch der Schrift; die wird dich nicht belügen, da sie dein Fleisch besser kennt als du selber. Ja, eine noch weitergehende Schlußfolgerung zieht der hl. Paulus Röm 7: »Denn ich weiß, daß in mir, d.h. in meinem Fleische, nichts Gutes wohnt.« Muß der hl. Paulus solches von seinem Fleische sagen, so wollen wir auch nicht besser noch heiliger sein. Wenn wir's aber nicht fühlen, so ist das nur um so ärger. Denn das ist ein Zeichen davon, daß es sich um ein aussätziges Fleisch handelt: ein solches empfindet nichts, und doch wütet es und frißt um sich. Doch wie gesagt, bist du so ganz und gar erstorben, so glaube doch der [Heiligen] Schrift, die dieses Urteil über dich spricht. Und kurz: je weniger du deine Sünde und Gebrechen fühlst, desto mehr hast du Ursache, [zum Sakrament] hinzugehen und Hilfe und Arznei zu suchen.

Nicht nur unser eigenes Fleisch und Blut, auch die Welt macht uns unsere Not immer wieder bewußt

Zweitens sieh dich um, ob du auch in der Welt bist; oder, falls du es nicht weißt, so frage deine Nachbarn darnach. Bist du in der Welt, so denke nicht, daß es an Sünde und Not fehlen werde. Denn fange nur einmal an und verhalte dich so, als wollest du fromm werden und beim Evangelium bleiben, und dann sieh zu, ob dir niemand feind werden, dazu Leid, Unrecht und Gewalt antun, ferner auch Ursache zu Sünden und Bosheit geben wird! Hast du es nicht erfahren, so laß dir's von der Heiligen Schrift sagen; sie gibt der Welt allenthalben einen solchen Preis und Zeugnis.

Drittens ist es der Teufel, der uns Not macht

Überdies wirst du wahrlich auch den Teufel um dich haben, den du nie ganz unter dich treten wirst; hat doch selbst unser Herr Christus das nicht umgehen können. Was ist nun der Teufel? Nichts anderes als ein Lügner und ein Mörder, wie ihn die Schrift nennt. Ein Lügner: er will das Herz von Gottes Wort wegverführen und verblenden, damit du deine Not nicht fühlest noch zu Christus kommen könntest. Ein Mörder: er gönnt dir keine Stunde lang das Leben. Wenn du sehen solltest, wieviel Messer, Spieße und Pfeile alle Augenblicke auf dich gezielt werden, so würdest du froh sein, zum Sakrament zu kommen, so oft du könntest. Wenn man aber so sicher und unachtsam dahingeht, so hat das keinen anderen Grund, als daß wir nicht bedenken und glauben, daß wir im Fleisch und in der bösen Welt bzw. unter des Teufels Reich sind.

Nur Gott kann die Not zum Bewußtsein bringen und den Hunger nach dem Abendmahl schenken

Darum prüfe und übe das recht; gehe nur in dich selber oder sieh dich ein wenig um, und halte dich nur an die [Heilige] Schrift. Fühlst du dann auch nichts [von deiner Not], so hast du es desto nötiger, das sowohl Gott als auch deinem Bruder zu klagen; da laß dir raten und für dich bitten, und laß nur nicht ab, so lange bis der Stein von deinem Herzen wegkommt. Dann wird sich die Not schon finden und du wirst gewahr werden, daß du zweimal tiefer liegst als ein anderer armer Sünder, und daß du des Sakraments noch viel mehr bedarfst gegen das Elend, das du leider nicht siehst. Vielleicht gibt Gott Gnade, daß du es dann mehr fühlst und immer hungriger nach dem Sakrament wirst, besonders weil der Teufel dir so zusetzt und ohne Unterlaß dir nachstellt, um dich zu erhaschen und um Seele und Leib zu bringen, so daß du keine Stunde vor ihm sicher sein kannst. Wie bald könnte er dich plötzlich in Jammer und Not gebracht haben, wenn du am wenigsten darauf gefaßt bist!

Die Verpflichtung, die Jugend in den oben besprochenen Hauptstücken des christlichen Glaubens zu unterrichten

Soviel sei nun zur Ermahnung gesagt, nicht bloß für uns Alte und Große, sondern auch für das junge Volk, das man in christlicher Lehre und Verständnis aufziehen soll. Auf diesem Weg könnte man ja die zehn Gebote, Glaubensbekenntnis und Vaterunser der Jugend um so leichter beibringen, daß es ihr mit Lust und Ernst einginge und sie sich so von Jugend auf darin übten und daran gewöhnten. Denn bei den Alten ist doch nun vielfach [die Möglichkeit] vorbei; man kann dieses und anderes nur so erreichen, daß man die Leute aufzieht, die nach uns kommen und in unser Amt und Werk eintreten sollen. Sie sollen dann auch ihre Kinder fruchtbringend erziehen, damit Gottes Wort und die Christenheit erhalten werde. Darum wisse ein jeder Hausvater, daß er auf Grund von Gottes Befehl und Gebot dazu verpflichtet ist, seine Kinder dies zu lehren oder lernen zu lassen, was sie können sollen. Denn nachdem sie getauft und in die Christenheit aufgenommen sind, sollen sie auch in den Genuß dieser Gemeinschaft am Sakrament kommen, damit sie uns dienen und nützlich werden können. Denn sie alle müssen uns doch glauben, lieben, beten und wider den Teufel fechten helfen.

Nun folgt eine Ermahnung zur Beichte.

EINE KURZE VERMAHNUNG ZUR BEICHTE

Der bisherige Beichtzwang ist durch die Reformation aufgehoben worden. Die freiwillige Ohrenbeichte wird aber beibehalten

Von der Beichte haben wir allezeit so gelehrt, daß sie freiwillig sein solle; wir haben des Papstes Tyrannei niedergelegt, so daß wir alle seinen Zwang los und von der unerträglichen Bürde und Last befreit sind, die der Christenheit auferlegt war. Denn wie wir alle es erfahren haben, ist bisher kein schwerer Ding gewesen, als daß man jedermann zum Beichten gezwungen hat bei höchster Todsünde. Ferner hat man [das Beichten] so sehr beschwert und die Gewissen mit der Aufzählung von so mancherlei Sünden gemartert, daß niemand hat können rein genug beichten. Und was das Ärgste gewesen ist: niemand hat gelehrt oder gewußt, was die Beichte ist bzw. wie nützlich und tröstlich sie ist; sie haben vielmehr lauter Angst und Höllenmarter daraus gemacht, so daß man's hat tun müssen, während man doch keinem Ding so feind gewesen ist. Diese drei Stücke sind uns nun abgenommen und geschenkt: wir brauchen es nicht unter einem Zwang oder aus Furcht zu tun; wir sind auch die Marter los geworden, daß wir alle Sünden so genau aufzählen müssen; und zudem haben wir den Vorteil, daß wir wissen, wie man die Beichte selig gebrauchen soll zur Tröstung und Stärkung unseres Gewissens.

Diese evangelische Freiheit wurde von vielen mißbraucht, die überhaupt nicht mehr beichten

Aber darüber weiß nun jedermann Bescheid, und sie haben es leider nur allzugut gelernt: sie tun, was sie wollen, und eignen sich die Freiheit so an, als sollten und brauchten sie überhaupt nicht mehr zu beichten. Das hat man ja bald erfaßt, was uns ohnedies wohltut, und es geht uns über die Maßen leicht ein, wo das Evangelium sanft und weich ist. Aber solche Säue, habe ich gesagt, sollten nicht bei dem Evangelium sein noch etwas davon haben, sondern sollten unter dem Papst bleiben und sich treiben und plagen lassen, daß sie beichten, fasten müßten usw., mehr als jemals vorher. Denn wer das Evangelium nicht glauben und darnach leben will und tun, was ein Christ tun soll, der soll auch keinen Genuß davon haben. Was wäre das, wenn du nur einen Genuß haben und nichts dazu tun und darauf verwenden wolltest? Solchen Leuten wollen wir darum nichts gepredigt haben und ihnen auch mit unserem Willen nichts von unserer Freiheit einräumen und zu genießen geben, sondern wollen wieder den Papst oder seinesgleichen über sie [kommen] lassen; der soll sie zwingen wie ein rechter Tyrann. Denn unter den Pöbel, der dem Evangelium nicht gehorchen will, gehört doch nichts anderes als ein solcher Stockmeister, der Gottes Teufel und Henker ist. Den andern aber, die es sich gerne sagen lassen, müssen wir immer predigen und sie anhalten, reizen und locken, daß sie diesen teuren und tröstlichen Schatz, der durchs Evangelium angeboten wird, nicht umsonst vorbeigehen lassen. Darum wollen wir auch etwas von der Beichte sagen, um die einfachen Menschen zu unterrichten und zu ermahnen.

Neben der freiwilligen Ohrenbeichte vor dem Pastor gibt es noch andere Formen der Beichte, wie die Herzensbeichte, in der ich vor Gott alleine meine Schuld bekenne

Erstens gibt es, wie ich [in anderen Schriften] gesagt habe, außer dieser Beichte, von der wir hier reden, noch zwei Arten von Beichte, die mehr ein allen Christen gemeinsames Bekenntnis heißen können: nämlich, wenn man Gott selber allein oder dem Nächsten allein beichtet und sie um Vergebung bittet. Diese [beiden Arten] sind auch ins Vaterunser eingeschlossen, wenn wir sprechen: »Vergib uns unsere Schuld, wie wir vergeben unsern Schuldigern usw.« Ja, das ganze Vaterunser ist nichts anderes als eine solche Beichte. Denn was ist unser Beten anders, als daß wir bekennen, was wir nicht haben und tun, was wir schuldig sind, und daß wir Gnade und ein fröhliches Gewissen begehren? Ein solches Beichten soll und muß ohne Unterlaß geschehen, solange wir leben. Denn darin besteht eigentlich das christliche Wesen, daß wir uns als Sünder erkennen und um Gnade bitten.

Hinzu kommt die öffentliche, allgemeine Beichte in der Gemeinde und die besondere vor einem Mitmenschen, dem ich Unrecht getan habe und um Vergebung bitte

Gleichfalls ist die andere Art von Beichte, die ein jeder seinem Nächsten gegenüber ablegt, auch ins Vaterunser eingeschlossen: Wir sollen uns untereinander unsre Schuld beichten und vergeben, ehe wir vor Gott kommen und ihn um Vergebung bitten. Nun sind wir insgeheim alle untereinander schuldig; darum sollen und können wir gut öffentlich vor jedermann beichten, und keiner braucht den andern zu scheuen. Denn es geht, wie das Sprichwort sagt: »Ist einer fromm, so sind sie es alle«, und keiner tut Gott oder dem Nächsten gegenüber, was er soll. Doch gibt es neben diesem allgemeinen Schuldbekenntnis auch noch ein besonderes; wenn einer den andern erzürnt hat, soll er es ihm abbitten. So haben wir im Vaterunser eine doppelte Absolution: es ist uns vergeben, sowohl was wir gegen Gott als auch, was wir gegen den Nächsten verschuldet haben, vorausgesetzt, daß wir dem Nächsten vergeben und uns mit ihm versöhnen.

Eine weitere wichtige Beichtform ist die private Beichte vor einem Mitchristen, nicht vor einem Pastor

Außer einem derartigen öffentlichen, täglichen und notwendigen Beichten gibt es nun diese heimliche Beichte, die allein einem Bruder gegenüber erfolgt. Und zwar soll sie dort dienlich sein, wenn uns etwas Besonderes anliegt oder anficht, worüber wir Gewissensbisse empfinden und nicht zufrieden sein können und wogegen wir uns im Glauben nicht stark genug finden. Dann sollen wir das einem Bruder klagen, um Rat, Trost und Stärkung zu holen, wann und wie oft wir wollen. Denn es ist nicht in ein Gebot gefaßt wie jene zwei anderen Arten; vielmehr ist es jedem, der dessen bedarf, anheimgestellt, davon Gebrauch zu machen, wie er es nötig hat. Und zwar ist das daher gekommen und angeordnet, daß Christus selbst seiner Christenheit die Absolution in den Mund gelegt und befohlen hat, uns von Sünden loszusprechen. Wenn nun ein Herz da ist, das seine Sünde fühlt und Trost begehrt, so hat es hier eine gewisse Zuflucht; da findet und hört es Gottes Wort, indem Gott einen durch einen Menschen von seinen Sünden entbindet und losspricht.

Die Beichte hat zwei Wesensbestandteile: das Sündenbekenntnis des Menschen und – das Wichtigste an ihr – die Absolution durch Gott

So merke dir nun, wie ich schon oft gesagt habe, daß die Beichte aus zwei Stücken besteht. Das erste ist *unser* Werk und Tun: Ich beklage meine Sünde und begehre Trost und Erquickung für meine Seele. Das zweite ist ein Werk, das *Gott* tut. Durch das Wort, das dem Menschen in den Mund gelegt wird, spricht er mich los von meinen Sünden; und das ist denn auch das Vornehmste und Edelste, was [die Beichte] lieblich und tröstlich macht. Nun hat man bisher allein auf unser Werk gedrungen und war auf nichts weiter bedacht, als daß wir ja rein (fehlerlos) gebeichtet hätten. Das zweite, nötigste Stück hat man nicht beachtet und gepredigt, gerade, als handelte es sich bloß um ein gutes Werk, mit dem man Gott bezahlen müßte; und wenn die Beichte nicht vollkommen und aufs allergenaueste abgelegt war, so sollte die Absolution (Lossprechung) nicht gelten und die Sünde nicht vergeben sein. Damit hat man die Leute so weit getrieben, daß jedermann (dran) hat verzweifeln müssen, so rein (fehlerlos) zu beichten, weil das ja nicht möglich war; kein Gewissen hat zur Ruhe kommen und sich auf die Absolution verlassen können. So haben sie uns die liebe Beichte nicht bloß nutzlos, sondern auch noch schwer und sauer gemacht zu spürbarem Schaden und Verderben der Seele.

Was Gott tut, nicht was wir tun, ist in der Beichte entscheidend. Nicht wir geben Gott etwas, er gibt uns etwas

Darum sollen wir's so ansehen, daß wir diese zwei Stücke weit voneinander scheiden und auseinandersetzen: wir sollen unser Werk gering, Gottes Wort dagegen hoch und groß achten und sollen nicht zur Beichte hingehen, als wollten *wir* ein köstliches Werk tun und ihm geben, sondern nur von ihm nehmen und empfangen. Du darfst nicht konmmen und sagen, wie fromm oder böse du bist. Bist du ein

Christ, so weiß ich das schon ohnedies gut; bist du keiner, so weiß ich's noch viel mehr. Aber darum ist es zu tun, daß du deine Not klagst und dir helfen und ein fröhliches Herz und Gewissen machen lässest.

Wir sollen beichten, nicht um ein Werk zu tun, sondern um Gottes Wort in der Absolution zu hören

Dazu braucht dich nun niemand mit Geboten zu drängen; sondern wir sagen so: Wer ein Christ ist oder gerne einer sein wollte, der bekommt hier einen treuen Rat, daß er hingehen und den köstlichen Schatz holen möge. Bist du kein Christ oder begehrst du diesen Trost nicht, so lassen wir dich durch einen andern dazu zwingen. Damit heben wir nun des Papstes Tyrannei, Gebot und Zwang alles in allem auf, da wir das nirgends brauchen; wir lehren ja, wie gesagt, so: Wer nicht freiwillig und um der Absolution (Lossprechung) willen zur Beichte geht, der lasse es nur anstehen. Ja, auch wer im Blick auf eigenes Werk hingeht, wie rein (fehlerlos) er seine Beichte abgelegt habe, der bleibe nur weg davon. Wir ermahnen aber: du sollst beichten und deine Not anzeigen, nicht um damit ein Werk zu tun, sondern um zu hören, was dir Gott sagen läßt. Dieses Wort oder die Absolution, sage ich, sollst du hochhalten und teuer achten als einen vortrefflichen, großen Schatz, der mit allen Ehren und Dank anzunehmen ist.

Wir sollen nicht aus äußerem Zwang, sondern aus innerem Drang zur Beichte kommen, denn sie will uns nicht arm, sondern reich machen

Wenn man das unterstriche und daneben die Not aufzeigte, die uns dazu bewegen und anreizen sollte, so brauchte man nicht viel zu nötigen und zu zwingen. Da würde jeden sein eigenes Gewissen genug dazu antreiben und so bange machen, daß er [des Schatzes] froh würde und es täte, wie ein armer, elender Bettler. Wenn ein solcher hörte, daß man an einem Ort eine reiche Spende, Geld oder Kleider austeile, so bedürfte man keines Büttels, der ihn triebe und schlüge; er würde wohl von selber aus Leibeskräften laufen, was er laufen könnte, um es nicht zu versäumen. Wenn man nun ein Gebot daraus machte, daß alle Bettler dahin laufen sollten, und damit basta, verschwiege dabei jedoch, was man dort suchen und holen solle, – was wäre dann anders der Fall, als daß man mit Unlust hinginge? Man dächte nicht daran, daß man etwas holen dürfe, sondern nur, daß man sich sehen lassen müsse, wie arm und elend man als Bettler sei. Daraus würde man nicht viel Freude oder Trost schöpfen; man würde vielmehr nur dem Gebot desto feindlicher werden.

Ebenso haben bisher des Papstes Prediger von diesem vortrefflichen, reichen Almosen und unaussprechlichen Schatz geschwiegen; sie haben nur [die Menschen] in Haufen zur Beichte getrieben, mit keinem weiteren Ziel, als daß man sehe, was für unreine und unflätige Leute wir seien. Wer konnte da gerne zur Beichte gehen? Wir aber sagen nicht, daß man sehe, wie voller Unflats du bist, und sich darin spiegle, sondern wir raten und sagen [vielmehr]: Bist du arm und elend, so gehe hin und gebrauche die heilsame Arznei. Wer nun sein Elend und seine Not fühlt, wird wohl ein solches Verlangen darnach kriegen, daß er mit Freuden hinzuläuft. Die aber, die es nicht achten und von selber kommen, die lassen wir auch fahren. Das sollen sie aber wissen, daß wir sie nicht für Christen halten.

Wer die Beichte verachtet, ist kein Christ

So lehren wir nun, was für ein vortreffliches, köstliches und tröstliches Ding es um die Beichte ist, und ermahnen dazu, man möge dieses teure Gut nicht verachten im Blick auf unsre große Not. Bist du nun ein Christ, so bedarfst du an keiner Stelle weder meines Zwangs noch des Papstes Gebot, sondern du wirst dich wohl selber dazu zwingen und mich darum bitten, daß du dessen teilhaftig werden mögest. Willst du es aber verachten und so stolz ungebeichtet hingehen, so schließen wir daraus das Urteil, daß du kein Christ bist und auch nicht in den Genuß des Sakraments [des Abendmahls] kommen sollst; denn du verachtest, was kein Christ verachten soll, und bewirkst damit, daß du keine Vergebung der Sünde bekommen kannst. Und es ist ein sicheres Anzeichen dafür, daß du auch das Evangelium verachtest.

Nicht die Kirche soll die Christen zwingen, zu beichten, sondern umgekehrt die Christen sollen die Kirche zwingen, die Beichte anzubieten und anzuhören

Kurz, wir wollen von keinem Zwang wissen; wer aber unsere Predigt und Ermahnung nicht hört und befolgt, mit dem haben wir nichts zu schaffen; der soll auch nichts vom Evangelium haben. Wärest du ein Christ, so solltest du so froh darüber werden, daß du gerne über hundert Meilen darnach laufen möchtest, und solltest dich nicht nötigen lassen, sondern kommen und uns dazu zwingen. Denn da muß der Zwang umgekehrt werden, daß wir unters Gebot und du in die Freiheit kommst; wir drängen niemand, sondern leiden es, daß man uns drängt, geradeso, wie man uns zwingt, daß wir predigen und das Sakrament reichen müssen.

Ein rechter Christ verlangt nach der Absolution wie ein Verdurstender nach der Quelle

Wenn ich daher zur Beichte ermahne, so tue ich nichts anderes, als daß ich ermahne, ein Christ zu sein; wenn ich dich dahin bringe, so habe ich dich wohl auch zur Beichte gebracht. Denn die, die es darnach verlangt, daß sie gerne fromme Christen wären und ihre Sünden loswürden, und die ein fröhliches Gewissen haben wollten, die haben schon den rechten Hunger und Durst: sie schnappen nach dem Brot wie ein gejagter Hirsch, der vor Hitze und Durst entbrannt ist, wie der 42. Psalm sagt: »Wie der Hirsch schreiet nach den Wasserbächen, so schreiet meine Seele, Gott, zu dir«, d.h. so weh und bange es einem solchen ist nach einem frischen Born, so angst und bange ist es mir nach Gottes

Wort oder der Absolution und dem Sakrament usw. Sieh, das wäre recht von der Beichte gelehrt; so könnte man Lust und Liebe dazu machen, daß die Leute herzukämen und uns mehr nachliefen, als wir gerne hätten. Die Päpstlichen lassen wir sich und andere Leute plagen und martern, die diesen Schatz nicht achten und ihn sich selbst verschließen. Uns aber lasset die Hände aufheben, Gott loben und danken, daß wir zu solcher Erkenntnis und Gnade gekommen sind.

Nachwort
Dr. h. c. Friedrich Schorlemmer,

Lutherstadt Wittenberg, August 2006

WISSEN UND VERSTEHEN, WORAUF ES ANKOMMT
ZU URSPRUNG, ABSICHT UND WIRKUNG VON MARTIN LUTHERS KATECHISMUS

I.

Beim Reisen übers Land überkam Luther das kalte Grausen. Der gemeine Mann wusste so gar nichts von der christlichen Lehre. »Sie leben dahin, wie das liebe Vieh und wie unvernünftige Säue.«

Wo die Reformation Fuß gefasst hatte, hatten die Leute *eines* am schnellsten gelernt: »alle Freiheit meisterhaft zu missbrauchen«. So ist es immer: Freiheit von Bedrückung und Einengung führt nach der Ablösung alter Autoritäten keineswegs sogleich zu einem erwachsenen, mutigen, verantwortungsbewussten Gebrauch der Freiheit. Ist der Druck weg, droht erst einmal Durcheinander oder gar Chaos.

»Von der Freiheit eines Christenmenschen« war seine berühmte Reformschrift von 1520 überschrieben – Freiheit ist nicht zu verwechseln mit Willkür oder Beliebigkeit; die Freiheit im Glauben führt zu Eigenverantwortung und zum Dienst am Nächsten.

Wer die Freiheit nicht selbstverantwortlich auszufüllen versteht noch ausfüllen will, für einen, dem das Evangelium »nur sanft und weich ist«, dem wünscht Luther die alte geistliche und weltliche Tyrannei des Papstes wieder an den Hals.

Manche brauchen offenbar den Zwang; sonst laufen sie aus dem Ruder. »Solche Säue«, poltert er, »haben das Evangelium überhaupt nicht verdient.« Der Pöbel, »der dem Evangelium nicht gehorchen will, verdiene nichts anderes als einen solchen Stockmeister, der Gottes Teufel und Henker sei«. Drastisch nennt er sie »Säue«, also animalische Wesen schlechthin. Wer das Evangelium als freimachendes, stärkendes, angst-entbindendes Angebot mit einem fröhlichen Gewissen nicht annehmen noch danach leben und tun will, »was ein Christ tun soll, der soll sein auch nicht genießen«.

Somit sollen Christen nicht auf die *Beichte* verzichten: die Beichte, die sie täglich im Vaterunser aussprechen, jenes Bekenntnis des ständigen Zurückbleibens hinter dem Anspruch, den Gott an uns stellt und dem wir uns persönlich stellen. Hinzu kommt die Beichte, die man einem Einzelnen gegenüber ablegt und daraus Entbindung, Lossprechung und Neuanfang erfährt. Wer zum Beichten geht, braucht nicht zu kommen und zu sagen, wie fromm oder böse er ist. Luther argumentiert aus der Perspektive Gottes und schreibt: »Bist Du ein Christ, so weiß ich das ohnedies gut; bist Du keiner, so weiß ich es noch viel mehr. Aber darum ist es zu tun, daß Du Deine Not klagst und Dir helfen und ein fröhlich Herz und Gewissen machen lässest.« Das heißt nicht, dass der Mensch sich prinzipiell defizitär erfahren soll und sich nicht selber erniedrigen müsse. Er soll nicht auf seinen eigenen Unflat starren und sich darin spiegeln. Ein Mensch aber, der sich elend und arm erfährt, der »gehe hin und gebrauche die heilsame Arznei«. Bildet er sich indes hochmütig ein, bei ihm sei alles in Ordnung, so ist er kein Christ. Die Beichte ermöglicht es dem Menschen, ehrlich zu sich zu sein, sich in großem Vertrauen an Gott zu wenden und um Vergebung zu *bitten*, um Vergebung *zugesprochen* zu bekommen und fortan mit einem *fröhlichen Herzen* zu leben.

Nicht das Büßerhemd, sondern das Freudenkleid sei eines Christen Gewand.

Dem inneren und äußeren Verfall des Denkens und der Sitten will Luther entgegenwirken, indem er die drei wichtigsten Stücke des Glaubens – das Vaterunser, das Glaubensbekenntnis und die Zehn Gebote – dazu die Sakramente allgemeinverständlich auszulegen und einzuschärfen sich anschickt. Elementares Wissen fehle.

Es ist wie heute! Wer weiß in unserem sogenannten christlichen Kulturkreis noch, was zu Pfingsten gefeiert wird, wie das achte Gebot lautet oder was in der Ikonographie die Taube bedeutet, was mit dem »Neuen Testament« gemeint oder was gar unter dem Wort »Gott« zu verstehen sei. Eine einfache Antwort ist nie eine ganze Antwort; aber es ist wenigstens eine Antwort, statt Schulterziehen und Gestammel. Luther hat in seinen beiden Katechismen einfache, aber nicht vereinfachende Antworten gewagt. Im Kleinen Katechismus hat er Frage-und-Antwort-Spiele zum Auswendiglernen empfohlen.

Schon vor seiner Zeit gab es eine geradezu erschütternde Unkenntnis über alles, was einen Christen ausmacht, oder über das, was Christentum im Kern bedeutet.

Der Reformator »beißt sich nicht auf die Zunge«; denn er hat dem Volk nie nur aufs Maul geschaut, sondern bisweilen kräftig auch draufgehauen. »Obwohl man niemanden zum Glauben zwingen kann noch soll, so soll man doch den Haufen dazu anhalten und antreiben, zu wissen, was bei denen, bei denen sie wohnen, sich nähren und leben wollen, Recht und Unrecht ist. Denn wer in einer Stadt wohnen will, der soll das Stadtrecht wissen und halten, in dessen Genuß er kommen will, gleichgültig, ob er glaube oder in seinem Herz ein Schalk oder Bösewicht sei.«

Solch ein Satz – 2006 gelesen – hört sich an, wie ein Beitrag zur Integration der Fremden sowie zur nötigen »Selbst-Integration« derer, die von Geburt und Abkunft zu Deutschland gehören. Wie sieht es mit dem Basiswissen über das Grundgesetz aus? Wie viele Leute könnten Artikel 1 des GG – die Grundlegung unseres demokratischen, freiheitlichen, sozialstaatlichen, auf Menschenrechten beruhenden Gemeinwesens hersagen oder wenigstens dem Inhalte nach benennen?

Luther setzt auf das Auswendiglernen als ein Verinnerlichen wesentlicher Grund-Sätze und als ein allmähliches Verstehen durch den täglich Umgang mit Erkenntnissen des Glaubens. Täglich soll der Mensch die drei Hauptstücke *lesen*, darüber *nachdenken* und sie durch Hersagen *einüben*, damit immer wieder *umgehen* und *überdenken*, wodurch der Heilige Geist »immer neu und immer mehr Licht gibt«, sodass es »immer besser schmeckt und eingeht«.

Er versteht sich selbst als jemand, der dies täglich brauche und immer wieder neu in die »Kinderlehre« geht (nichts anderes bedeutet »Katechismus«). Zu welchem Nutzen? Um böse Gedanken damit zu verjagen und zu spüren, wie das Wort Gottes eine Kraft ist, »die dem Teufel das gebrannte Leid (also Folterqualen) antut und uns über die Maßen stärkt, tröstet und hilft«. Da der Teufel ein gerissener Bursche ist und in vielen Verstellungen, Verpuppungen, Versuchungen als ein »Tausendkünstler« dem Menschen so nachstellt, dass dieser nicht spürt, mit wem er es zu tun hat, so muss der Christ seinem Gott als »Hunderttausendkünstler« vertrauen, der den »Tausendkünstler Teufel« mit all seiner Macht verjagen und zunichte machen kann.

Die Hauptstücke des Glaubens sind für den frommen Wittenberger Professor wie das tägliche Brot, das wir brauchen »gegen das tägliche und ruhelose Anfechten und Auflauern des tausend Künste treibenden Teufels«. »Täglich dreimal soll der Christ dies lesen, darüber nachdenken, es hersagen können.« Das ist evangelische Spiritualität. Dazu braucht man kein Kloster. Die Welt ist das Bewährungsfeld des Glaubens.

Als Luther 1529 den Großen oder Deutschen Katechismus (weil in deutscher Sprache verfasst) veröffentlicht, tut er dies schlicht einer Not gehorchend. Denn die Pfarrer seien im Ganzen richtige Versager. Die einen kümmern sich nicht um die einfachsten Dinge des Glaubens, weil sie sich so unglaublich gelehrt fühlen, auch sich für einfache Dinge zu schade wähnen; die anderen sind schlicht zu faul und mit lauter Bauchsorge beschäftigt. Ja, sie sind »allzumal schändliche Fresser und Bauchdiener, die mit mehr Recht Sauhirten oder Hundeknechte sein sollten als Seelsorger und Pfarrer!«. Sie sollen statt des unnützen und beschwerlichen Geschwätzes der früheren strengen Gebetszeiten (der sogenannten Horen), wo alles veräußerlicht war, ihre Pfarrkinder dazu anhalten, dass sie täglich beten, im Neuen Testament lesen und dabei die drei Hauptstücke als eine Art Grundnahrungsmittel des Glaubens immer wieder bedenken.

Es kann wohl sein, dass man mit vielem Mühen den Pöbel nicht erreichen kann und nichts Sonderliches ausrichtet, selbst wenn man viel Fleiß darauf verwendete. Aber »was würde es vollends geben, wenn wir lässig und faul sein wollen?«.

II.

Wir Menschen haben es nötig, dass wir in Glaubenssachen wie Kinder würden und das ABC täglich neu anfangen zu lernen, statt zu meinen, wir hätten uns alles längst an den Schuhsohlen abgelaufen.

Luther geht es um Verinnerlichen, um Wissen und um Verstehen. Man solle dieselben wenigen Sätze immer wieder lesen, sie hersagen, überdenken, täglich damit umgehen.

Von drei Stücken des Katechismus her sei die ganze Bibel begreifbar. Nie werden wir sie ganz auslernen können. Faulheit und Vermessenheit sind die beiden Hauptgegner.

Zugleich weist Dr. Luther die Pfarrer darauf hin, dass sie situationsgemäß lehren sollten, also mit einem inneren Gespür das herausfinden, was gerade am nötigsten ist oder woran »das Volk am meisten Not leidet«. 1529 sah er das siebte Gebot (»Vom Stehlen«) als etwas höchst Aktuelles an.

Kein Stand sei davon ausgenommen. Das liest sich heute noch als Warnung vor legalem, aber nicht legitimem wirtschaftlichen Gebaren, wo eigener Vorteil zum Nachteil des Nächsten gereicht. Überall, wo man »um Geld und Ware hantiert oder Arbeit gibt und nimmt«, werden Marktvorteile mit aller Tücke erschlichen. Mit allen Kniffen und Ränken werden da andere übervorteilt. Wenn man die Welt jetzt ansieht, »so ist sie nichts weiter als ein großer, weiter Stall voll großer Diebe« – ein Stehlen »mit gutem Schein des Rechts«. Positiv bedeutet das Gebot: »des anderen Gut fördern und bessern und falls er Not leidet, helfen, teilen, vorstrecken, beiden – Freunden und Feinden.« Gebotsauslegung wird hier unmittelbare Zeitkritik! Oder sage man es genauer: ein Beichtspiegel.

Der Deutsche Katechismus war insbesondere für die Prediger gedacht, die sich vor »giftigem Geschmeiß, vor Sicherheit und Dünkelmeistern hüten sollten«, weil ihrer irrigen Meinung nach ein solcher Katechismus einfach zu simpel sei. Andere würden sich aus lauter Bequemlichkeit und geistiger Genügsamkeit überhaupt nicht um das geistliche und soziale Leben kümmern. Und das keine zehn Jahre seit der Reformation!

Bereits 1520 hatte Luther »Eine kurze Erklärung des christlichen Glaubens nach den Geboten, dem Glaubenbekenntnis und dem Vaterunser« in den Druck gehen lassen – ein kleines Hand- und Hausbuch für den Christen, worin sich alles findet, was »für einen Christen zu wissen nötig ist, darin gründlich und vollständig zusammengefaßt ist«.

Denn ein Christ müsse wissen, *was* er tun und lassen, *wo* er schöpfen, suchen und finden und *wie* er es suchen und holen soll.

Diese »Kurze Erklärung« war primär als Beichtspiegel gedacht gewesen, woran der Einzelne sein Leben überprüfen könne und sehe, wo und wie er es bessern müsse. Dabei hatte er als generelle Messlatte für Wahrheit und Unwahrheit, für Gut und Böse, für Recht und Unrecht die sogenannte »Goldene Regel« herangezogen: »Was ihr wollt, dass euch die Menschen tun sollen, dasselbe tut auch ihr ihnen. Das ist das ganze Gesetz und die Propheten.« (Matth. 7, 12)

Bei der Auslegung der Zehn Gebote hatte Luther zwischen dem *Verstoß* gegen die Gebote und der *Erfüllung* der Gebote unterschieden. Somit galt ihm der Dekalog nicht nur als ein *Verbot*skatalog, sondern auch als ein vom Neuen Testament bestimmter *Gebots*katalog. Erfüllung des fünften Gebotes heißt z.B. zuerst, dass ein Mensch nicht töten darf, sich aber zugleich aktiv in Friedfertigkeit einübt: »Geduld, Sanftmütigkeit, Güte und Friedsamkeit, Barmherzigkeit und in allen Dingen eine warme, freundliche Herzlichkeit zu jedem Menschen, auch dem Feind gegenüber, ohne jeden Haß zu sein, ohne Zorn und Bitterkeit.«

Erfüllung des achten Gebotes »Du sollst nicht falsch Zeugnis reden« sah er erst in einer »friedsamen, heilsamen Sprache, die niemandem schadet und jedem nützt, eine Zunge, die die Zerstrittenen versöhnt und die Verleumdeten entlastet und besonnen spricht, das heißt wahr und eindeutig« gegeben. Geradezu revolutionär muss man es nennen, wenn Luther nicht bloß das aufführt, was der Mensch tunlichst *lassen*, sondern auch ausführt, was er *tun* soll. Das nennen wir heute positive Ethik.

III.

Der Ursprung des Katechismus liegt im Taufunterricht – für Erwachsene wie für die Eltern der Säuglinge, die getauft werden sollen. Dabei knüpft Luther durchaus an alte kirchliche Tradition an, die bis in das dritte Jahrhundert zurückreicht.

Der Katechismus sollte in das Gemeindeleben, oder noch viel mehr in das Familienleben eingebettet sein. Er war für das tägliche Leben bestimmt. Deshalb hat Luther zum praktischen Gebrauch dem Katechismus einen Morgen- und Abendsegen sowie Gebete vor und nach dem Essen beigefügt.

Nach dem Morgensegen heißt es: »Und alsdann dann mit Freuden an dein Werk gegangen.« Entsprechend heißt es abends – nach dem Abendsegen: »Und alsdann flugs und fröhlich geschlafen.«

Theologisches wie seelsorgerliches Zentrum, der Kristallisationskern des Glaubens, ist für Luther das Vaterunser-Gebet.

Jeder Mensch ist in der Einfalt seines Glaubens auf schlichte Vergewisserung angewiesen. Er muss das sicher zuhanden haben, worauf es ankommt. Eben das ist im Katechismus zusammengefasst.

Die schlechterdings *prinzipiell* und zugleich *existenziell* wichtigste Frage ist, was es heißt, »einen Gott zu haben« oder »was Gott ist«. Luther vermag es in seinem lieben Deutsch seinen »lieben Deutschen« (selten ohne leise Ironie gebraucht!) in direkter, bildhafter, unmissverständlicher, geistlich tiefer und politisch konkreter Weise den Laien darzulegen, worauf es ankommt.

Der große Pädagoge (Praeceptor Germaniae) Melanchthon hat das ganz schnell begriffen und auf die Weiterarbeit an seinem – lateinischen – Katechismus verzichtet.

IV.

Mit jeder Generation beginnt das Leben neu; jede Generation muss neu ihre Lektion lernen, ganz so, wie jeder einzelne Mensch seine Lektion lernen muss. Gleichzeitig stehen wir auf den Schultern unserer Vorfahren, lernen von deren Erfahrungen, setzen uns ab von ihren Irrtümern und begehen eigene große oder kleinere Fehler. Tradition ist weder Korsett noch Sofa, sondern Sprungbrett in die Zukunft.

Was aber gedenkt die jeweilige Gegenwart, künftigen Geschlechtern weiterzuvermitteln, was will sie aus der Vergangenheit transformiert aufnehmen und weitertransportiert wissen?

Goethes Wort wurde zu Recht zum Sprichwort: »Was du ererbt von deinen Vätern hast, erwirb es, um es zu besitzen.« In jeder Zeit stellt sich die Frage, was wir *unbedingt* der nächsten Generation weitergeben möchten, ohne ihr den Atemraum nehmen zu wollen. Soweit wir sehen können, hat jede Zeit, jede Kultur, jede Religion, jede Nation versucht, das Wesentliche in Programmen, Thesen, Texten, Liedern zu verdichten. So ist es für die Gegenwart hilfreich, sich die dramatischen Umbrüche des 16. Jahrhunderts zu vergegenwärtigen, als Martin Luther der römischen Kirche bestritt, die einzig wahre Kirche zu sein, die von einem Zentrum, gar von einem Papst aus, dirigiert wird. Er stellte den Glauben ganz auf den Einzelnen und auf die Bewahrung und Bewährung des Glaubens im Alltag. Der Beruf galt ihm als ein »Gottesdienst«. Der Schuster ist auf seine Weise ein Priester, weil er auch aus der Taufe gekrochen sei und somit höchste Würde beanspruchen könne. Da stellte sich elementar die Frage nach der wirksamsten Form der Vermittlung eines Glaubens, der in Freiheit und in die persönliche Verantwortung ruft, die beide nicht an eine heilige Institution delegiert werden können. Die christliche Freiheit kommt aus der Befreiung des Menschen durch Gott; die Welt ist der Bewährungsraum von verantwortlichen, mündigen, zuversichtlichen und maßstaborientierten Menschen.

Wer aber sollte in einer nichthierarchischen Kirche die Autorität sein, wenn nicht mehr der Papst, die Kardinäle, die Bischöfe, die Priester oder das Heilige Offizium?

Wenn für die Reformatoren an die Stelle der Kirche fortan die Familie als entscheidender Vermittlungsraum für christlichen Glauben rückt, wenn an die Stelle des Priesters nunmehr der Hausvater tritt und an die Stelle des Papstes der jeweilige berufene Prediger der Ortsgemeinde gestellt wird, der zwar nicht ex cathedra, aber ex cancella redet, dann müssen die Hausväter, die Prediger und die Lehrer angemessen zugerüstet, ausgebildet und auf das wirklich Wesentliche verwiesen werden. Das Wichtige gilt es zu *beherzigen*; dazu aber muss man es *kennen*, *verstehen* und hernach *vermitteln* können.

Das Wort ist auf den Glauben aus, der persönlich angenommen wird. Der Einzelne tritt in eine direkte Beziehung zu Gott, dem Schöpfer, dem Versöhner und Erneuerer – ohne dafür eine sogenannte Heilsvermittlungsanstalt zu benötigen, tritt der Getaufte in einen direkten Bezug zu dem Gott, der Glaube, Hoffnung und Liebe wirkt. Die Zuwendung Gottes an den Menschen hat einen Namen bekommen: Jesus aus Nazareth, ein Künder, ein Heiler, ein Prophet, ein Versöhner, der für uns sein Leben am Kreuz hingibt und als auferweckter Christus zum Herren des Lebens wird: Kyrios – König über alle Könige.

Wie entwickelt sich allgemeine Volksfrömmigkeit, wenn sie nicht mehr an das Mysterium der Kirche und ihre festgefügten Riten und Regeln gebunden ist? Wie wird das freigesprochene Individuum ermutigt, seinen Platz in der Welt als Christ auszufüllen? Bereits 1518 hatte Luther mit einem Versuch, das Neue seiner Erkenntnis in einen Katechismus zu fassen, begonnen.

1523 führt er jährliche Katechismuspredigten ein. 1528 predigt er dreimal über den gesamten Katechismusstoff. Er meditiert die Texte immer wieder neu. Daraus ergibt sich für ihn ein enormer Verdichtungsprozess, dem auch seine vielen Katechismuslieder entspringen. Zunächst hatte er nicht an ein Memoriaren des Wortlauts der Erklärungen gedacht, sondern an ein freies Gespräch, für das er mit seinen Formulierungen ein hilfreiches Beispiel geben wollte.

Später wurde sein Katechismus zur Predigtgrundlage. Es kommt zu regelrechten Katechismusrezitationen, während der Kleine Katechismus vermehrt auswendig gelernt wird.

Dem Text merkt man freilich an, dass er aus dem 16. Jahrhundert stammt – also *vor* dem Dreißigjährigen Krieg, vor Absolutismus und Aufklärung, vor den Revolutionen von 1789, 1917 und 1989, vor den nationalistisch-militaristischen und rassistischen Verirrungen des 19. und 20. Jahrhunderts, an denen auch Christen sich aktiv oder duldend beteiligt haben.

Luther muss man sich denken lange vor Kant, Marx, Nietzsche und Darwin, Freud und Einstein. Vor allem aber vor der gründlichen Diskreditierung von Gehorsam durch den verbrecherischen Missbrauch staatlicher Institutionen im Nazismus. Deshalb denken wir heute anders über Autorität und müssen anders darüber denken – bemerkend, dass ein Gemeinwesen aber nicht ohne Autoritäten, nicht ohne Pflichterfüllung beziehungsweise Befolgung von Gesetzen funktionieren kann.

Luthers Katechismus ist in allem erstaunlich aktuell geblieben, wenngleich seine Antworten vielfach nicht mehr unsere Antworten sind: in Zeiten des globalisierten Neoliberalismus als einer neuen Spielart des Mammonismus, der auf den Kommunismus unmittelbar folgte, in Zeiten der medialen Entwürdigung von Menschen durch Ausnutzung seiner niederen Instinkte, zu Zeiten der illusionären Sinnbindung des Lebens an materielle Güter, wo Reichtum angesichts der Weltarmut und unfairer Handelsbedingungen als Diebstahl gelten kann und wo eine Ausbeutung der Naturschätze regelrecht zur Zerstörung der Schöpfung wird.

Die beiden Katechismen Luthers haben jahrhundertelang Menschen im protestantischen Raum geprägt. Sie bleiben ein inspirierendes Dokument für das, was Christsein heute in den Alltagsbezügen bedeutet.

V.

Als »Einbleuen« noch als akzeptierte pädagogische Methode angesehen wurde und das vorgefertigte Frage- und-Antwort-Spiel als ein Weg zur Wahrheitsaneignung durch ständige Vergewisserung auf das immer Gleiche galt, ließ Martin Luther aufgrund seiner vielen Vorarbeiten im Jahre 1529 seinen Kleinen sowie seinen Großen Katechismus drucken.

Er wollte die wichtigen Dinge des christlichen Glaubens durch Auswendiglernen in jedem Einzelnen verankern. Er wollte das Vielerlei auf das Wesentliche hin verdichten und durch Wiederholung verinnerlichen. Vom wenigen Wichtigen her wird sich alles andere erschließen und verstehen lassen. Kurz gefasst *und* umfassend sollte es sein, was der Hausvater als geistlicher Hauslehrer täglich seinen Kindern samt dem ganzen Gesinde vorzutragen hatte, verbunden mit Morgen- und Abendgebet, bisweilen mit täglicher Schriftlektüre, Psalmlesung und Liedversen.

Immer wieder kommt Luther auf jene drei Hauptstücke zurück (Dekalog, Credo, Vaterunser).

Dazu die beiden, von Christus selbst eingesetzten Sakramente: Taufe und Abendmahl. Es geht um Orientierung, Bekenntnis und Zuversicht, um Vergewisserung und Erinnerung, um erfahrene Entschuldung und Versöhnung.

Das ist es, worauf es im Glauben ankommt. Das wenige Wichtige gut kennen und es auswendig können, damit jeder Einzelne im besten Falle es in sich und mit sich trage. »Omnia mea mecum porto« – alles, was ich habe, trage ich mit mir, bin ich selbst, habe ich mir angeeignet: »Ich weiß, woran ich glaube. Ich weiß, was fest besteht.«

Luther ging es besonders darum, dass jeder, der die Heilige Schrift liest, weiß, von welchem Standpunkt aus er sie lesen und verstehen soll. Was christlicher Glaube bedeutet, eignet sich der einzelne Mensch in einem Dreischritt von *Wissen, Verstehen* und *Annehmen* an.

Viele, auch sehr unterschiedliche Traditionen sind im Laufe einer dreitausendjährigen Religions- und Kulturgeschichte in die Bibel eingegangen. Woraufhin lässt sich das Ganze ausrichten und muss man das, was »Heilige Schriften« sind, auch kritisch, von einem gültigen »inneren Maßstab« aus lesen können?

Das Lehramt hatte gewissermaßen gewechselt: vom römischen Zentrum und von der heiligen Messe unter Leitung des lateinisch zelebrierenden Priesters an den deutsch sprechenden Familientisch, wo der Hausvater sein neues priesterliches Amt wahrzunehmen hatte.

Jahrhundertelang sollte nun Auswendiglernen eines Katechismus und ein beständiges Gespräch über dessen Antworten zu einer entscheidenden Traditionsvermittlung des Christlichen werden.

So wenig der Kleine Katechismus mit seinem Frage- und Antwort-Schema heute noch als eine angemessene Vermittlungsbasis des christlichen Glaubens für Heranwachsende – gar für nicht im christlichen Kontext Aufgewachsene – hilfreich erscheint, so wenig kann das protestantische Kirchentum auf das verzichten, was Luther auf 151 Druckseiten als Substanz des Christlichen 1529 zum »allgemeinen Gebrauche« formuliert hatte: ein großer theologischer und zugleich volkspädagogischer Wurf, der zu Anregung, Bekräftigung, Erkenntnis, Konkretion sowie zu kritischer Auseinandersetzung heute einlädt.

VI.

In seiner Vorrede hatte Luther vor den Leuten gewarnt, die meinen, sie wüssten alles, wo doch selbst die Propheten samt allen Heiligen ihr Leben lang am Glauben zu lernen gehabt hätten, »und sind noch immer Schüler geblieben und müssen's bleiben«. Manche dünken sich stets sehr schlau. Sie warnt er, sich mit aller Sorge und Fleiß vorzusehen »vor dem giftigen Geschmeiß solcher Sicherheit der Dünkelmeister«. Sie sollten sich doch lieber einander ständig anhalten mit »Lesen, Lehren, Lernen, Denken und Nachsinnen«. Und davon nie ablassen! Denn eins ist gewiss: Der Teufel schläft nicht und schleicht sich immer wieder ein, dieser Durcheinanderbringer, »dem man nur mit dem Wort Gottes entgegentreten kann«.

Schon die jüdische Tradition hat im sogenannten Sch'ma Israel »Höre, Israel …« (Deuteronomium 6, Vers 7 ff.) auf Glaubensvermittlung durch beständige, im Alltag verwurzelte Einschärfung gesetzt: »Dass man solle sein Gebot sitzend, gehend, stehend, liegend, aufstehend immer bedenken und wie ein stetiges Mahnzeichen vor Augen und in Händen haben.« Dies solle der Christ in anderer Weise auch tun: mit dem täglichen Sichvorsprechen der Zehn Gebote, des Apostolikums und des Vaterunsers – und möge sich dabei bekreuzigen. Damit könne man den Teufel und böse Gedanken verjagen, weil ja Gottes Wort »nicht wie ein anderes loses Geschwätz ist«. Der Glaube würde nur lebendig bleiben, wenn man täglich diese grundlegenden Texte spricht, dazu Psalmen und Lieder. Er selbst tue das auch wie ein Kind, das man den Katechismus lehrt. Luther bekennt, er müsse das täglich lesen und studieren, müsse ein Kind und Schüler des Katechismus bleiben und wolle es auch gerne bleiben.

Was tun die lieben Deutschen, die ein schändliches Volk sind: »Diese stolzen, wählerischen Gesellen wollen mit *einem* Durchlesen flugs Doktor über alle Doktoren sein, alles können und nichts mehr bedürfen.« Am schlimmsten seien leider viele Prediger und Pfarrer.

Da bricht dann der heilige Zorn des Wittenberger Reformators durch: »Ach, das sind allzumal schändliche Fresser und Bauchdiener, die mit mehr Recht Sauhirten oder Hundeknechte sein sollten als Seelsorger und Pfarrer.«

Nochmals: Der Katechismus ist eigentlich aus einer Not heraus entstanden – wegen großer Unwissenheit und großer Einbildung, man wisse schon alles oder brauche es nicht zu wissen! Aus diesem Grunde nennt Luther seinen Katechismus auch eine Predigt, die ein Unterricht sei »für die Kinder und Einfältigen«. Es sei eine Kinderlehre, die ein jeglicher Christ notwendig wissen soll, sodass, »wer solches nicht weiß, nicht könnte unter die Christen gezählet und zu keinem Sakrament zugelassen werden«. Das Wort »Kinder« meint bei Luther allerdings nicht Unmündige, sondern meint »Kinder Gottes«. Jeder müsse den Glauben annehmen wie ein Kind und gleichzeitig lernen, sich fleißig darin üben und andere lehren.

Martin Luther knüpft an das Katechumenat der alten Kirche an, das vor dem Vollzug der Taufe bei Erwachsenen eine abfragbare Lehre über den Glauben voraussetzte. Dafür hat Luther jenes »Hausbuch« geschrieben und meint Hausbuch ganz wörtlich. Den Katechismusunterricht hält nicht der Lehrer in der Schule, nicht der Pfarrer von der Kanzel, sondern der christliche Hausvater in der Wohnstube. Dies ist der Ort für das priesterliche Amt, das jeder wahrzunehmen habe. Die christlichen Gemeinden würden es bitter büßen, wenn es ausfiele.

Nachdem das unpädagogische Traktieren, das Auswendiglernen des Katechismus, einzelner Psalmen oder Lieder aus pädagogischen Gründen zeitgeistig beiseite geschoben wurde, hat sich Luthers Warnung bitter erfüllt: Das Grundwissen über den Glauben ist auch bei denen, die sich zur Gemeinde zählen, äußerst gering geworden.

VII.

Luther versteht den ganzen christlichen Glauben vom ersten Gebot des Dekalogs her.

»Ich bin der Herr, dein Gott. Du sollst nicht andere Götter haben neben mir.«

Was ist das?

Wir sollen Gott über alle Dinge fürchten, lieben und vertrauen.

Diese Erklärung wird bei jedem einzelnen Gebot wiederholt und im Kleinen Katechismus eine Struktur durchgehalten, wo Negation und Position nebeneinander stehen. Dies macht deutlich, dass die Zehn Gebote nicht bloß etwas *verbieten*, sondern auch positiv den Menschen etwas *gebieten*, wie er handeln soll, nicht bloß, wie er nicht handeln soll. Also: Beten, loben, danken, heilig halten, gern hören, lernen, in Ehren halten, dienen, gehorchen, lieb und wert haben, helfen und fördern, lieben und ehren, bessern helfen und behüten, Gutes reden, alles zum Besten kehren, förderlich und dienlich sein, vertrauen und alles gerne tun nach seinem Gebot und so fort.

Da bleibt *eine* Grundbotschaft zurück: Sich bei allem vertrauensvoll an Gott wenden und zuversichtlich handeln, ohne sich über das Zurückbleiben gegenüber Gottes Anspruch Illusionen zu machen. Gottes Einspruch aber ist stärker für den, der Buße tut, um Vergebung bittet und sie erfährt.

Am Beginn des neuen Jahrtausends stellt sich die Frage wiederum, wie wir Traditionen, die leben helfen und Orientierung geben, sachentsprechend und wirksam vermitteln können und wie es zu einer inneren Verankerung geistig-moralischer Grund-Sätze kommt. Dabei wird die alte Frage wiederum virulent, wie viel man zu seinen eigenen Gunsten für sein Leben auswendig lernen sollte, auch wenn das zunächst einige Mühe macht, und inwiefern nicht gerade einfache, zunächst angelernte Antworten die wichtigen Fragen provozieren, die auf die eigene Antworten des erwachsenen Menschen aus sind, ohne deshalb auf die alten Antworten verzichten zu müssen.

Zumal der Große Katechismus – eine Summa des christlichen Glaubens! – seinesgleichen sucht, nach wie vor! Glaubensfragen sind mitten ins Leben gestellt, keine trockene Dogmatik, sondern im besten Sinne ein Brevier, eine kurz gefasste Vermahnung für jeden Tag. Alles hängt bei Luther am Gottesverständnis; einen Gott zu haben heißt das, wozu man »sich versehen soll alles Guten und Zuflucht haben in allen Nöten«.

Das Grundvertrauen ist das Entscheidende des Glaubens. Dieses Vertrauen ist die tragende Kraft des Lebens. Glauben *ist* Vertrauen. Jeder Mensch habe einen Gott, weil er auf etwas sein Vertrauen setzt. »Worauf du nun dein Herz hängest und verlässest – das ist eigentlich dein Gott.«

Die Auseinandersetzung zwischen Gott und Abgott, Gott und den Gottessurrogaten zieht sich durch. Es wirkt wie eine Philippika auf die Gegenwart: »Es ist mancher, der meint, er habe Gott und alles zur Genüge, wenn er Geld und Gut hat; er verläßt sich darauf und brüstet sich damit so steif und sicher, daß er auf niemand etwas gibt. Sieh, ein solcher hat auch einen Gott, der heißt Mammon, d.h. Geld und Gut, darauf setzt er sein ganzes Herz. Das ist ja auch der allgemeinste Abgott auf Erden. Wer Geld und Gut hat, der weiß sich in Sicherheit, ist fröhlich und unerschrocken, als sitze er mitten im Paradies; und umgekehrt, wer keins hat, der verzweifelt und verzagt, als wisse er von keinem Gott. Denn man wird ihrer gar wenig finden, die guten Mutes sind, nicht trauern, noch klagen, wenn sie den Mammon nicht haben; das klebt und hänget der Natur an bis in die Grube.«

An diesem Mammon wird unsere Welt zugrunde gehen, wenn Menschen nicht auf anderes ihr Vertrauen setzen denn auf solche Vermessenheit.

Sicherheit und Stolz bezieht sich auch auf die Menschen, die auf ihre große Gelehrsamkeit, Klugheit, ihre Gewalt, ihre Abstammung oder äußere Ehre setzen.

Gott ist nicht etwas, was man in einen Kasten schließen, was man mit Händen fassen könnte. Sondern: »Wenn ihn das Herz ergreift und an ihm hanget.«

Das bedeutet, sich gänzlich auf ihn zu verlassen. Gott sei das, von dem man alles Gute empfängt. Im Deutschen habe das Wort Gott eine sprachliche Affinität zu »gut«. Also Gott ist das, von dem aus »eitel Güte überfließt und von dem alles, was gut ist und heißt, ausfließt.« Die menschliche Haltung gegenüber Gott ist Dankbarkeit – im Wissen, dass alles, was der Mensch hat, empfangen wurde. Aus der Gabe kommt die Aufgabe. Alles, was der Mensch an leiblichem Leben, an Glück und Hilfe erfährt, das sind nur »Hand, Kanäle und Mittel, dadurch Gott alles gibt, wie er der Mutter Brüste und Milch gibt«.

Die Abgötterei habe von Beginn der menschlichen Geschichte an bis zum heutigen Tage Menschen irregeführt. So finde man bis heute »stolze, gewaltige und reiche Wänste, die auf ihrem Mammon protzen, ungeachtet, ob Gott zürne oder lache. Diese Wänste protzen vor den anderen und leben doch auf schlüpfrigem Grund. Meine Erfahrung sagt auch, auf welch einem dünnen Eis all die leben, die doch so sicher tun, die heute so Großen, die morgen so verachtet sind«. Ein Christ aber solle, wenn er Gott glaubt, lernen, dass »Gott nicht Höheres von uns fordert als eine herzliche Zuversicht alles Guten«. Keine moralische Selbstüberanstrengung, sondern Grundvertrauen, Urvertrauen haben, dass es Gott gut mit mir meint.

Wir Menschen sollten alles, was wir können, dankbar als eine Aufgabe annehmen. Alles hat seine gute Ordnung und wir stehen in einer guten Ordnung Gottes. Wir wissen um die listigen Anschläge des »Tausendkünstlers«. Luther nennt ihn immer wieder ganz unbefangen »den Teufel«.

Es gilt, ihn in seiner machtbewussten Raffinesse nicht zu unterschätzen. Wir gehen ihm oft auf den Leim, ohne es zu merken. Es ist »der altböse Feind«, mit dem es der Glaubende aufnimmt. Vom ersten Gebot aus entfaltet Luther nicht nur die Zehn Gebote, sondern seinen ganzen Katechismus.

Von besonderer Bedeutung für situationsbezogene Auslegung scheinen mir heute das vierte, das fünfte und das achte Gebot zu sein. Was Luther über das Lieben und Ehren der Eltern sagt, bekommt gerade in der Situation der Überalterung unserer Gesellschaft eine bestürzende Aktualität.

Man solle nämlich die Eltern vor allen Dingen herrlich und wert halten, als höchsten Schatz auf Erden. Man solle sich auch mit Worten züchtig gegen sie stellen, dass man nicht übel beschimpfe, auftrumpfe oder poltere, dass man ihnen diene und helfe und sie versorge, wenn sie alt, krank, gebrechlich oder arm sind und dies alles »mit Demut und Ehrerbietung als etwas, das für Gott getan wird«.

Andererseits schärft er auch den Eltern ihre Verantwortung für die nächste Generation ein, bezieht aber dieses vierte Gebot nicht bloß auf die leiblichen Eltern, sondern auch auf die Obrigkeit, der der einzelne Mensch gehorsam sein soll, denn dies seien die Oberpersonen, »die zu gebieten und zu regieren haben«. Sie seien die patres patriae, also Väter des ganzen Landes. »Wer nun hier gehorsam, willig und dienstbar ist und gern alles tut, was die Ehre belanget, der weiß, daß er Gott den Gefallen tut und Freude und Glück zu lohnen kriegt. Will er es nicht mit Liebe tun, sondern verachten und sich sperren oder Lärm schlagen, so wisse er auch umgekehrt, daß er keine Gnade noch Segen habe.«

Nun ist aber in diesem Gebot auch inbegriffen, dass Gott »will nicht Buben und Tyrannen in diesem Amt und Regiment haben«, sondern dass auch sie unter Gottes Gehorsam leben und vor allen Dingen ihres Amtes sich herzlich und treulich annehmen, also auch nicht in eigener Willkür handeln.

Kinder seien also weder für die Eltern da als eine leidige Plage oder um mit ihnen unsere »Lust und Kurzweil« daran zu haben, und die Obrigkeiten seien nicht dazu da, mit den Untertanen nach ihrem Mutwillen zu leben.

Die Erziehung, die die leiblichen Eltern, die geistlichen Väter und die weltlichen Machthaber den Generationen angedeihen lassen sollten, möge »nicht allein daran denken, wie sie ihnen Geld und Gut sammeln«.

Die Fragen nach Autorität der Eltern wie des Staates, nach Notwendigkeit und Grenzen des Gehorsams, nach gegenseitiger Fürsorge und Konflikttoleranz sind heute wieder aktueller denn je.

Im fünften Gebot – »Du sollst nicht töten« – vollzieht Luther eine in der politischen Wirkung verhängnisvolle strikte Scheidung zwischen dem Verbot für den Einzelnen, einen anderen zu töten, und dem Gebot der Obrigkeit, Gehorsam zu leisten und im Kriege zu töten. Das Gebot wird somit gänzlich individualisiert.

Zugleich verweist Luther auf die vielen Formen des Tötens anderer Menschen, ob mit Hand, Tat oder Zunge. Auch mit dem Herzen kann man jemand feind sein oder im Zorn oder Hass ihm begegnen. All dies gehöre zu diesem Gebot. Luther legt die Gebote im Sinne der Bergpredigt aus, aber strikt in die beiden Bereiche geteilt: Sanftmut, Geduld, Liebe und Wohltat gegen unsere Feinde sollen wir üben; aber beim Kampf des Landes gegen einen Feind ist der Obrigkeit Gehorsam zu leisten. Das heißt eben, mit aller Tapferkeit, Disziplin, Gehorsam und ohne Gewissensbeschwerung Menschen zu töten, die als Feinde keine schützenswerte Geschöpfe Gottes mehr sind. Gerade diese Auslegung sollte in der weiteren Geschichte verhängnisvoll werden und Obrigkeitsuntertanenideologie fördern – bis hin zum Kriege Hitlers, indem man ihm gar kirchenoffiziell die Legitimität einer Obrigkeit, der man Gehorsam zu leisten habe, zugestand.

Dem Nächsten Gutes zu tun, ihm zuvorzukommen, ihn zu schützen und zu retten, einen Nackten zu kleiden, einen Hungernden zu speisen – all dies sind christliche Tugenden, aber auf den personalen Bezug beschränkt. Darin liegen bis heute schwerwiegende, kaum lösbare Fragen verborgen, nicht zuletzt die Frage nach dem legitimen Töten in einem sogenannten »gerechten Krieg«.

Nicht zuletzt bezogen auf eigene Erfahrungen mit dem Gebot »Du sollst nicht falsch Zeugnis reden wider deinen Nächsten« entfaltet der Reformator das, was wir heute Medienethik nennen. Er warnt vor denen, die eine Lust daran haben, andere zu beschädigen, jenen Afterrednern, »die eines anderen Schmutz aufwühlen wie die Säue, die sich im Kot wälzen und mit dem Rüssel darin wühlen«. Ein Christ solle vielmehr von jedermann das Beste reden – gegen Freund und Feind und ihm auch mit der Zunge nicht schädlich sein – sei es wahr oder erlogen. Alles müsse zur Besserung geschehen. Luthers Auslegung sei der Niedermachkultur unserer Zeit dick ins Stammbuch geschrieben.

VIII.

Bei den Sakramenten Taufe und *Abendmahl* ist es Luther – wie bei der Beichte auch – entscheidend, dass sie von Christus selbst eingesetzt sind. Man müsse sich drei Fragen stellen: »Was es sei, was es nütze, und wer es empfangen soll.«

Wort(e), Elemente (Wasser und Brot) und Glaube gehören zusammen. Bei der *Taufe* mit Wasser geht es so, dass es hier nicht »bloß schlichtes Wasser ist, sondern ein Wasser in Gottes Wort und Gebot gefasset und dadurch geheiligt, so daß es nichts anderes ist als ein Gotteswasser«.

Man solle die Taufe trefflich, herrlich und hoch halten. Die Taufe ist kein äußerlich Ding. Sie steht in Gottes Wort und Gebot, »das die Taufe einsetzt, gründet und bestätigt«.

Ja, es ist wirklich so, dass eine Handvoll Wasser der Seele helfen kann! Denn wer glaubt und getauft wird, der wird selig.

Gottes Werke sind in sich selbst gültig und heilsam, aber für den Menschen muss der Glaube hinzukommen, »denn ohne Glauben könnte man sie nicht fassen. Wenn man nur Wasser über sich gießen ließe, hat man noch nichts empfangen, was irgendetwas nütze, denn das Herz muß es glauben«.

Damit verweist er die Taufe nicht etwa in die Subjektivität des Einzelnen, sondern verweist sie in die Beziehung zwischen Gott und Mensch, die *unmittelbar* ist und in Sakramenten empfangen wird, wenn das Wort gehört wird und es im Menschen als Same des Lebens aufgeht.

Zugleich aber spürt der Mensch, dass er von Natur aus nichts Gutes an sich hat. Wenn er indes als einer, der aus der Taufe gekrochen ist, in Christi Reich kommt, dann nimmt das Böse täglich ab, dass wir »je länger desto milder, geduldiger, sanftmütiger werden und dem Geiz, Haß, Neid, der Hoffart immer mehr Abbruch tun. Der Mensch muss immer wieder den alten Menschen unter sich treten«. In der Taufe steckt eine Kraft, »die uns den Teufel aus dem Hals reißet, Gott zu eigen macht, die Sünde dämpft und wegnimmt, danach täglich den neuen Menschen stärket«.

Dennoch erleben wir täglich an uns selbst, dass wir, so lang wir leben, den alten Menschen am Hals tragen. Da wird das *Brotbrechen* und das Weinausteilen, das Heilige Abendmahl«eine Speise der Seelen, die den neuen Menschen nähret und stärkt«.

Es ist zur »täglichen Weide und Fütterung gegeben, daß sich der Glaube erhole und stärke, auf daß er in solchem Kampf nicht zurückfalle, sondern immer jeweils stärker und stärker werde«. Auch beim Heiligen Abendmahl ist es der *Glaube,* der das Wort in sich aufnimmt, das über Brot und Wein gesprochen wird.

Denn »man kann's nicht anders als mit dem *Herzen* ergreifen und zu sich nehmen; denn mit der Faust wird man solches Geschenk und ewigen Schatz nicht fassen«.

Jahrhundertelang hatte man sich mit der Frage herumgequält, wann man würdig sei oder unwürdig sei, am Heiligen Abendmahl teilzunehmen.

Luther wendet mit aller Schärfe ein: es ist nicht deine (moralische) Würdigkeit oder Unwürdigkeit; der Mensch nimmt nicht am Mahl auf seine eigene Würdigkeit hin teil, sondern auf das Wort Gottes hin, der die Unwürdigen einlädt.

»Meine Würdigkeit bleibe, wo sie will.« Die Beladenen sollen Entlastung erfahren. Alle, die ihre Schwachheit fühlen und sie gerne loswerden möchten und Hilfe begehren, sollen Brot und Wein genießen – im Glauben »als ein köstlich Gegengift wider die Gifte, die wir in uns haben«.

Der Mensch gehe also nicht gequält, bedrückt, sauertöpfisch dorthin, sondern fröhlich und lasse sich erquicken, trösten und stärken.

Nachdem nun der äußere Zwang, den die Kirche und ihre Ordnungen auferlegt hatten, weggenommen ist, soll der Christ aus eigenem Antrieb mit ganzem Herzen diese Sakramente begehren und sich nicht fern halten, »bis wir ganz erkalten und verhärten, so daß wir keine Lust noch Liebe dazu haben«. Das Mahl ist eine Speise und Arznei für Seele und Leib, »denn wo die Seele genesen ist, da ist dem Leib auch geholfen«.

Von dieser wunderbaren Kraft der Sakramente Zeugnis zu geben, sie der nächsten Generation zu vermitteln ist Aufgabe jedes Hausvaters. Das ist es, was wir einander nicht schuldig bleiben dürfen: dass wir uns helfen glauben, lieben, beten und »wider den Teufel fechten«. Ein lebenslanges Lernen!

Die ganze Anthropologie Martin Luthers ist in den Katechismus hineinverwoben. Luther erweist sich als großer Menschenkenner – nicht zuletzt, weil er in alle eigenen Abgründe geschaut und sie durchlitten hatte. Für ihn ist das Böse kein »Es«, sondern eine personale Macht, eine Gegenmacht Gottes, der man nur mit tiefem Gottvertrauen als ein Getrösteter entgegenwirken kann. Nie würde Luther sagen: »der Mensch, das Schwein« (Gottfried Benn), denn er ist kein verächtlicher Zyniker, sondern ein fröhlicher Sünder, der nach der Devise lebt: pecca fortiter – crede fortius! Also: sündige (handle!) kräftig, aber glaube viel kräftiger.

Ein Christ ist ganz und gar kein besserer Mensch, sondern ein Mensch, der weiß, dass er der Besserung bedürftig ist – moralisch nicht gut, nicht charakterlich höherstehend, erst recht nicht zur Kategorie der bespöttelten »Gutmenschen« gehörig. Der von Gott geliebte, trotz seiner inneren Zerworfenheit angenommene Mensch ist sein Thema. Der Mensch ist ein homo incurvatus in se – ein in sich selbst Verkrümmter, der von Gott aufgerichtet wird.

So kann man Luther nicht zu den Utopisten oder moralischen Rigoristen zählen. Er ist ein gnadenvoller Realist: Er beschreibt den Menschen nicht in den finstersten Farben, aber er verleugnet nicht dessen Finsternis. Der Mensch bleibt stets in der Spannung von »schon gerecht und noch immer Sünder«. Es ist der sich verfinsternde Mensch, den Gott *aufrichtet* und neu *ausrichtet*, der zum aufrechten Gang befähigt wird und mit einem fröhlichem Gewissen handeln kann. Alles, was menschliche Gefährdung, Abgründigkeit und Bedürftigkeit ausmacht, wird im Vaterunser heilend ausgesprochen.

Worauf brauche ich eine bündige Antwort, und mit welchen Fragen werde ich nie zu Ende kommen?

Alles hat Martin Luther in seinem Katechismus dargelegt. Jeder gebe seine Antwort, seine ganz eigene: fürs Leben und Sterben, für Sinnerfahrung und Leidbewältigung, für Glück und Leid.

IX.

Martin Luthers Katechismus bleibt es wert, noch heute genau bedacht zu werden. Ihm gelingt es Gott und Glaube, Beten und Tun, Hochheiliges und ganz Alltägliches, Individuelles und Soziales, Bedrückendes und Tröstliches auf prägnante, auf persönlich berührende Weise zusammenzubringen. So mag der Leser heute für sich selbst den Katechismus auf alles abklopfen, was weiterhin Gültigkeit beanspruchen und als hilfreich, tröstlich, erhellend, stärkend gelten kann.

Solche einfachen Zusammenfassungen, solche konzentrierten Texte braucht offensichtlich jedes Gemeinwesen, das sich auf das Wesentliche zu verständigen versucht, um zu wissen, was gilt.

Paul Celan hat in seinem berühmten Gedicht »Für Nelly Sachs« am Schluss formuliert:

> Dein Aug sah mir zu, sah hinweg,
> dein Mund
> sprach sich dem Aug zu, Ich hörte:
>
> Wir
> wissen ja nicht, weißt du,
> wir
> wissen ja nicht,
> was
> gilt.

Und immer wieder zeigt sich in glaubensarmen Zeiten ein gewisses Bedauern darüber, dass etwas verloren gegangen ist.

So schreibt Gottfried Benn in seinem Gedicht »Verlorenes Ich«:

Woher, wohin – nicht Nacht, nicht Morgen,
kein Evoë, kein Requiem,
du möchtest dir ein Stichwort borgen –
allein bei wem?

Ach, als sich alle einer Mitte neigten
und auch die Denker nur den Gott gedacht,
sie sich den Hirten und dem Lamm verzweigten,
wenn aus dem Kelch das Blut sie rein gemacht.

und alle rannen aus der einen Wunde,
brachen das Brot, das jeglicher genoß –
o ferne zwingende erfüllte Stunde,
die einst auch das verlorne Ich umschloß.
(1943)

In einer Zeit, wo die Bauchsorge, also die Sorge um das materielle Dasein dominiert und das Glück in einer Anhäufung von Wohligkeit plus Kick zu bestehen scheint, bricht immer wieder die Frage auf, ob dem Menschen das letztlich reicht, wenn alle seine materiellen Bedürfnisse befriedigt sind.

Der Schriftsteller und Lyriker Günter Kunert sagte vor dreißig Jahren: »Alle Menschen haben ein metaphysisches Bedürfnis. Sie sind in einer gottlosen Zeit natürlich ganz schlimm dran, weil sie die metaphysische Sicherheit verloren haben, wer sie sind, was mit ihnen geschieht und wozu sie existieren und was eigentlich der Endzweck dieser Existenz ist. Das wissen sie nicht mehr. Der Marxismus kann ihnen eigentlich immer nur materielle Zielvorstellungen